Roberto Alborino, Isabell Zwania (Hrsg.)

Begegnen, Mitverantworten, Mitgestalten

Patenschaftsmodelle für Kinder und Jugendliche mit Migrationshintergrund

Lambertus

Roberto Alborino, Isabell Zwania (Hrsg.)

Begegnen, Mitverantworten, Mitgestalten

Patenschaftsmodelle für Kinder und Jugendliche mit Migrationshintergrund

Die beiliegende CD enthält die Dokumentation der 12. Honnefer Migrationstage 2007

Lambertus

Herausgegeben und gefördert durch den Deutschen Caritasverband und das Katholisch-Soziale Institut der Erzdiözese Köln (KSJ)

Deutsche Bibliothek – CIP-Einheitsaufnahme

Ein Titeldatensatz für diese Publikation ist bei der Deutschen Bibliothek erhältlich.

Alle Rechte vorbehalten
© 2008, Lambertus-Verlag, Freiburg im Breisgau
Umschlaggestaltung: Nathalie Kupfermann, Bollschweil
Herstellung: Druckerei F. X. Stückle, Ettenheim
ISBN 978-3-7841-1851-2

Inhalt

EINLEITUNG 9
Roberto Alborino

PATENSCHAFTSPROJEKTE DER CARITAS FÜR KINDER UND
JUGENDLICHE MIT MIGRATIONSHINTERGRUND – EINE AUSWERTUNG
Isabell Zwania

Einführung		13
1	Patenschaften als ein Modell bürgerschaftlichen Engagements	16
2	Patenschaftsprojekte – Strukturen, Erfahrungen und Umsetzungsstrategien	18
2.1	Strukturierung und Durchführung	18
2.2	Gewinnung von Ehrenamtlichen und Einbindung der Zielgruppen	21
2.3	Begleitung und Qualifizierung von Ehrenamtlichen	23
2.4	Nachhaltigkeit von Patenschaftsprojekten	25
2.5	Erfolg und Wirksamkeit von Patenschaftsprojekten	26
3	Formen von Patenschaftsprojekten für Kinder und Jugendliche mit Migrationshintergrund	27
	a) *Patenschaftsmodelle für Kinder und Jugendliche mit Migrationshintergrund im Kindergarten- und Vorschulalter*	29
	b) *Patenschaftsmodelle für Kinder mit Migrationshintergrund in der Grundschule und in weiterführenden Schulen*	30
	c) *Patenschaftsmodelle für jugendliche Migrantinnen und Migranten im Bereich des Übergangs von der Schule in den Beruf*	31
	d) *Patenschaftsmodelle für jugendliche Migrantinnen und Migranten im Bereich der Ausbildungsplatzsuche/ Ausbildungsplatzsicherung*	34

	e) Patenschaftsmodelle für Kinder und Jugendliche mit Migrationshintergrund in unterschiedlichen Lebenssituationen	41
4	Fazit und Ausblick	49

Anhang		51
1	Finanzierungsmöglichkeiten von Patenschaftsprojekten	51
2	Netzwerke und Kontakte	54
3	Patenschaften International	66
4	Literatur	68

Auf dem Weg zur Bürgergesellschaft – Bürgerschaftliches Engagement im Rahmen von Patenschaftsprojekten

Wolfgang Krell

1	Vision Bürgergesellschaft	71
2	Caritas in der Bürgergesellschaft	72
3	Integration: wer integriert wie?	75
4	Soziale Arbeit und Bürgerschaftliches Engagement	77
5	Bürgerschaftliches Engagement von Paten	78
6	Freiwilligen-Koordination	79
7	Ziel: Solidarische Bürgergesellschaft	82
Literatur		82

Grundlagen und Wirkung von Patenschaftsprogrammen

Dominik Esch

1	Grundlagen	89
1.1	Patenschaft	89
1.2	Mentoring	90
1.3	Tutoring	92
1.4	Zusammenfassung	92

2	Wirkungen	93
2.1	Kindern zuhören	93
2.2	Zuversicht vermitteln	94
2.3	Kulturen verbinden	94
2.4	Integration umfassend gestalten	95
2.5	Helferrückwirkung	97
2.6	Erklärungshinweise für die Wirksamkeit von Patenschaftsprogrammen	98
2.7	Ausblick	99
3	Organisation eines Patenschaftsprogramms am Beispiel von „Balu und Du"	100

AUTORENVERZEICHNIS 103

Einleitung

Roberto Alborino

Blickt man auf die jüngsten politischen Entwicklungen im Bereich von Migration und Integration zurück, so lässt sich feststellen, dass die Integration von Migrantinnen und Migranten, die in Deutschland bleiben wollen, zunehmend in den Vordergrund des innen- und rechtspolitischen Interesses rückt.

Ausdruck finden diese Bemühungen um eine erfolgreiche Integration der zugewanderten Menschen in die deutsche Mehrheitsgesellschaft in verschiedenen staatlichen Maßnahmen:

Im Rahmen des Zuwanderungsgesetzes, welches am 1. Januar 2005 in Kraft getreten ist, wurde die Integration der Menschen mit Migrationshintergrund erstmals zur staatlichen Aufgabe erklärt.

Im Juli 2006 lud die Bundeskanzlerin zu einem ersten Integrationsgipfel ein, der die Erarbeitung eines nationalen Integrationsplans zum Ziel hatte. Bei einem zweiten Integrationsgipfel im Juli 2007 wurden die Ergebnisse dieses Erarbeitungsprozesses vorgestellt.

Auch die beiden bisher durchgeführten Islamgipfel vom September 2006 und 2007 sowie die Deutsche Islamkonferenz zeugen von dem staatlichen Interesse, integrationspolitische Maßnahmen zu bündeln und weiterzuentwickeln und die verschiedenen Akteure in diesem Bereich dabei einzubeziehen, und zwar ausdrücklich auch Migrantenorganisationen und Vertreter islamischer Organisationen.

Dieser Entwicklung ist es zu verdanken, dass Deutschland seit Neuestem nicht mehr nur als Einwanderungsland, sondern auch als Integrationsland bezeichnet wird, wie derzeit verschiedentlich in der Presse zu lesen ist.

Neben den Forderungen an zugewanderte Menschen, einen Beitrag zu einer gelingenden Integration zu leisten und der Entwicklung von vielseitigen integrationsfördernden Maßnahmen für Migrantinnen und Migranten ist zu beachten, dass Integration ein wechselseitiger Prozess ist, der auch von der Aufnahmegesellschaft aktiv mitgestaltet werden muss. Integrationsfördernde Maßnahmen sollten demnach nicht ausschließlich auf die Menschen mit Migrationshintergrund in Deutschland ausgerichtet werden, sondern auch die Integrationsfähigkeit der Aufnahmegesellschaft im Blick haben.

Integration zielt darauf, dass Menschen sich gemäß ihren Begabungen und Fähigkeiten, gemäß ihrem Leistungsvermögen und ihrer Leistungsbereitschaft eigenständig entfalten, an der Gesellschaft teilhaben und diskriminierungsfrei und selbstbestimmt leben und arbeiten können.

Integration ist eine komplexe, gesamtgesellschaftliche Querschnittsaufgabe, und integrationspolitische Maßnahmen müssen dementsprechend für sämtliche gesellschaftlich relevanten Bereiche konzipiert werden, wie zum Beispiel für das Bildungs- und Ausbildungssystem, den Arbeitsmarkt, den Kultursektor, die Medien und nicht zuletzt die Politik.

Die nachhaltige Wirkung solcher Maßnahmen in den verschiedenen sozialen, wirtschaftlichen und kulturellen Bereichen des gesellschaftlichen Lebens ist sicherlich ein essenzielles Anliegen von Integrationspolitik. Gleichzeitig muss das Augenmerk jedoch auch auf der Wirkung liegen, die diese Maßnahmen bei den Zielgruppen entfalten sollen: bei den Migrantinnen und Migranten sowie allgemein bei in Deutschland lebenden Menschen mit Migrationshintergrund.

Dabei entscheidet die individuelle Lebenswirklichkeit des Einzelnen über Angemessenheit und Sinnhaftigkeit einer Maßnahme. Denn Migrantinnen und Migranten in Deutschland bilden ebenso wenig eine homogene Gruppe wie alle anderen gesellschaftlichen Gruppierungen. Daher sind integrationsfördernde Maßnahmen gezielt auf den Einzelnen auszurichten, an seinen individuellen Fähigkeiten, Potenzialen, aber auch an individuellen Bedürfnissen und dem jeweiligen Integrationsbedarf.

Das Konzept der Patenschaftsmodelle beinhaltet die unterstützende Begleitung von Menschen mit Migrationshintergrund in ihrer jeweiligen individuellen Lebenssituation. Im Rahmen einer Patenbeziehung kann auf eben diese individuellen Bedürfnisse eingegangen werden, können Potenziale und Fähigkeiten erkannt und gefördert werden. Im Dialog zwischen Patin oder Pate und dem „Patenkind" können Defizite ausgemacht, Handlungsstrategien entwickelt und Lösungswege erarbeitet werden.

Das Konzept der Patenschaft beruht dabei auf bürgerschaftlichem Engagement, und es zeigt sich einmal mehr, dass Integration nicht allein von der Politik geleistet werden kann.

Von staatlicher Seite können und müssen in erster Linie Rahmenbedingungen geschaffen werden, damit Integration in gesellschaftlicher Verantwortung gelingen kann. Darüber hinaus bedarf es zur konkreten

Förderung von Integrationsprozessen der verantwortlichen Mitwirkung gesellschaftlicher Akteure.

Patenschaftsinitiativen stellen eine solche Möglichkeit der gesellschaftlichen Mitwirkung im Bereich der Integration dar, und zwar sowohl für hauptamtliche als auch für ehrenamtliche Mitarbeiterinnen und Mitarbeiter.

Begegnen – Mitverantworten – Mitgestalten. Unter diesem Motto standen die Honnefer Migrationstage 2007, bei denen die Ergebnisse dieser hier veröffentlichten Analyse von Patenschaftsprojekten des Deutschen Caritasverbands erstmals einer größeren Öffentlichkeit vorgestellt wurden. Schlaglichtartig und doch zutreffend verweist dieser Titel auf die drei wesentlichen Stufen auf dem Weg zu bürgerschaftlichem Engagement für Integration:

1. In einem ersten Schritt müssen individuelle oder gruppenbezogene Integrationshindernisse erkannt werden. Um diesen zu begegnen, werden Handlungs- und Lösungsstrategien entwickelt, die auf die Bedürfnisse der jeweiligen Zielgruppe abgestimmt sind.

2. In einem zweiten Schritt wird von Seiten der Ehrenamtlichen Verantwortung übernommen: Sie entscheiden sich dafür, sich aktiv in einem von ihnen gewählten Handlungsfeld zu betätigen und ihre Kompetenzen und Qualifikationen einzubringen.

3. Durch dieses ehrenamtliche Engagement, durch diese bewusste Übernahme von Verantwortung können gesamtgesellschaftliche Prozesse aktiv mitgestaltet werden.

Bei Patenbeziehungen finden Begegnung und Austausch zwischen Menschen unterschiedlicher Herkunft statt. Durch die dabei entstehenden zwischenmenschlichen Beziehungen kann ein Verständigungsprozess in Gang gesetzt werden, der eine unverzichtbare Grundlage für jegliches Bemühen um eine erfolgreiche Integration darstellt.

Der Deutsche Caritasverband ist darum bemüht, Patenschaftskonzepte in das Handlungsfeld der Befähigung von Kindern und Jugendlichen mit Migrationshintergrund verstärkt einzubeziehen und Maßnahmen dieser Art auszubauen.

Der Deutsche Caritasverband wird sich zukünftig an staatlichen bundesweiten Entwicklungen beteiligen und sich auch auf innerverbandlicher Ebene dieser Thematik weiterhin widmen.

Die Honnefer Migrationstage 2007 widmeten sich daher bereits den vielfältigen Formen von Patenschaften für Kinder und Jugendliche mit

Migrationshintergrund. Die hier vorliegende Publikation will grundlegende Erfahrungen aus Patenschaftsinitiativen diskutieren, Anregungen vermitteln und bereits gewonnene Erkenntnisse in aufbereiteter Form vorstellen.

Zu diesem Zweck präsentiert der Beitrag von Isabell Zwania eine Analyse bereits bestehender Patenschaftsprojekte der verbandlichen Caritas und bilanziert die zentralen Merkmale, Chancen und Problemfelder.

Wolfgang Krell konzentriert sich in seinem Beitrag auf die Bedeutung bürgerschaftlichen Engagements im Rahmen von Patenschaftsprojekten.

Dominik Esch analysiert in seinem Beitrag Möglichkeiten und Grenzen von Patenschaftsinitiativen mit Blick auf das Patenschaftsprojekt „Balu und Du".

Projektbeispiele, die sich im Rahmen der Honnefer Migrationstage einer breiten Öffentlichkeit vorstellten, liegen dieser Publikation als CD bei.

Patenschaftsprojekte der Caritas für Kinder und Jugendliche mit Migrationshintergrund – eine Auswertung

Isabell Zwania

Einführung

Kinder und Jugendliche mit Migrationshintergrund haben in Deutschland mit vielfältigen Schwierigkeiten zu kämpfen, von denen Mängel im Bildungssystem oder fehlende Sprachkenntnisse nur die prominenteren Beispiele sind. Ihre Probleme werden häufig auf das Fehlen von Kenntnissen oder auf andere Defizite reduziert, eine ausreichende Förderung von individuellen Potentialen findet hingegen zu selten statt. Eine nachhaltige Integrationsbemühung muss daher einerseits das Nachholen von Kenntnisse und Fertigkeiten im Auge behalten, andererseits aber auch Raum schaffen für eine individuelle Förderung von Kindern und Jugendlichen gemäß ihrer spezifischen Begabungen.

In der jüngeren Vergangenheit ist in Gesellschaft und Politik die Tendenz zu beobachten, dieser Problemlage mit so genannten Patenschaftsmodellen zu begegnen, mit individueller Begleitung durch ehrenamtlich tätige Privatpersonen. Patenschaften haben sich dabei als ein effektives und praktikables Modell zur Integration von Migrantinnen und Migranten in die Aufnahmegesellschaft erwiesen.

Auch die verbandliche Caritas führt seit mehreren Jahren Patenschaftsprojekte in verschiedenen Bereichen und für die unterschiedlichsten Zielgruppen durch. So initiierte der Deutsche Caritasverband im Jahr 2005 eine Befähigungsinitiative für benachteiligte Kinder und Jugendliche, welche in dem Zeitraum von 2006 bis 2008 durchgeführt wird. Ziele dieser verbandsweiten Kampagne sind die Verbesserung der Lebenssituation von benachteiligten Kindern und Jugendlichen in Deutschland sowie deren Befähigung zu einer besseren Umsetzung ihrer Lebenschancen. Einer der tragenden Aspekte der Befähigungsinitiative ist das Konzept der Befähigungsgerechtigkeit. Diesem Konzept liegt die Überzeugung zugrunde, dass jeder Einzelne seine individuellen Potentiale und Fähigkeiten nur entwickeln beziehungsweise verwirklichen kann, wenn bestimmte Grundbedingungen für die gesellschaftliche Teilhabe gegeben sind, wie zum Beispiel im Bildungs- und Ausbildungssektor, am Arbeitsmarkt, im Gesundheitsbereich etc. Die Umsetzung dieser Grundbedingungen kann nicht von Einzelnen geleistet werden. Durch Befähigung indes können individuelle Talente und Fähigkeiten gezielt gestärkt und die gesellschaftliche Teilhabe Einzelner ermöglicht werden. Diese gesellschaftliche Teilhabe als Ziel der Befähigungsinitiative hat dabei einerseits Konsequenzen für die sozialpolitischen und gesellschaftspolitischen Forderungen des Deutschen Caritasverbandes. Es beinhaltet aber auch eine Selbstverpflichtung für den Verband selbst, für die Arbeit seiner Dienste und Einrichtungen. Nimmt der Verband die Ansprüche ernst, die sich aus dem Konzept der Befähigungsgerechtigkeit ergeben, so muss er ein Akteur einer befähigenden Sozialpolitik sein. Gleichzeitig muss er seine Potentiale nutzen, zur Befähigung benachteiligter Menschen beizutragen.

Die Stärken der jungen Menschen zu fördern, ihre Chancen zu erweitern, ihnen durch Bildung und Befähigung Zugänge zur gesellschaftlichen Teilhabe, zu Bildungseinrichtungen und zur Arbeitswelt zu eröffnen, ihnen Selbstvertrauen und Zuversicht in die eigene Fähigkeit zu geben – das sind die Anliegen der Befähigungsinitiative. Eine Initiative mit diesen Zielen kann nur erfolgreich sein, wenn der Verband nicht nur die Befähigung von Kindern und Jugendlichen im Blick hat, sondern diese Initiative auch begreift unter dem Aspekt der eigenen Entwicklung und Veränderung. Es geht um eine Reflexion der eigenen fachlichen Arbeit, deren Optimierung, die Umsetzung konkreter Beiträge und Projekte, die sozialpolitische Positionierung und das anwaltschaftliche Handeln für benachteiligte Kinder und Jugendliche.

In der Praxis bestehen die Maßnahmen zur Befähigung von benachteiligten Kindern und Jugendlichen im Bereich von Migration und Integration in der Konzeption und Durchführung von Patenschaftsmodellen für diese Zielgruppe. In einer Vielzahl von Diensten und Einrichtungen der verbandlichen Caritas existieren solche Maßnahmen bereits in den unterschiedlichsten Ausformungen, zum Beispiel in Migrations-, Familien- und Jugendberatungsstellen, in Kindertageseinrichtungen, Freiwilligenagenturen etc. Um einen Erfahrungsaustausch einzuleiten, Problembereiche frühzeitig zu erkennen, Durchführungsstrategien weiterzuentwickeln und letztendlich zur vermehrten Initiierung von Patenschaftsprojekten beizutragen, wurde die hier vorliegende Auswertung erstellt.

Vorgehensweise und Zielsetzung

Die hier vorliegende Auswertung behandelt ausschließlich Patenschaftsprojekte, die Kinder und Jugendliche mit Migrationshintergrund zur Zielgruppe haben. Mittels intensiver Recherche, eingehender Materialsichtung und persönlicher Gespräche wurden unterschiedliche Strukturen sowie Initiierungs- und Durchführungsstrategien von Patenschaftsmodellen verschiedener Einrichtungen der Caritas analysiert. Als Grundlage für diese Analyse wurden hierfür in einem ersten Schritt ca. 80 Patenschaftsprojekte einer ausführlichen Auswertung unterzogen. Im Vordergrund des Interesses standen hierbei Projekte und Initiativen, bei welchen Patenschaften eine vorrangige Bedeutung im Rahmen der Projektkonzeption zukommt. Vorhaben, bei welchen Patenschaften lediglich eine von vielen Maßnahmen darstellen, konnten im Rahmen dieser Auswertung nur zum Teil Berücksichtigung finden.

Ziel dieser Auswertung ist unter anderem die Darstellung der thematischen und strukturellen Spannbreite von Patenschaftsmodellen für Kinder und Jugendliche der verbandlichen Caritas mittels beispielhafter Veranschaulichungen. Die Erfahrungen aus einer Vielzahl von Patenschaftsprojekten werden hierfür zusammengefasst, Probleme bezüglich der Konzeption sowie der konkreten Durchführung identifiziert und Handlungsempfehlungen entwickelt.

Ein weiteres zentrales Ziel ist es, Informationen bezüglich Finanzierungsmöglichkeiten und bestehender Netzwerkstrukturen zu bündeln und einer möglichst breiten Leserschaft zugänglich zu machen.

Die Auswertung verfolgt nicht das Ziel, vollständige Angaben zu der Anzahl derzeit bestehender Patenschaftsinitiativen der Caritas im Bereich der Unterstützung von Kindern und Jugendlichen mit Migrationshintergrund zu machen oder diese aufzulisten. Patenschaftsinitiativen entstehen oftmals spontan und sind zum Teil in den örtlichen Regeldiensten der Caritas implementiert. Sie werden daher nicht gesondert als Projekte beworben und bei mangelndem Erfolg beziehungsweise nicht vorhandenen Arbeits- und Zeitkapazitäten werden sie kurzfristig wieder eingestellt. Eine vollständige Auflistung sämtlicher bestehender Patenschaftsinitiativen der Caritas-Einrichtungen kann aus diesem Grund nicht geleistet werden.

Die hier zusammengestellten Informationen sollen vielmehr dazu dienen, Interessierte bei der Konzeption, Organisation, Durchführung sowie bei der längerfristigen Finanzierung von Patenschaftsprojekten zu unterstützen. Letztlich soll durch diese Auswertung ein Beitrag dazu geleistet werden, Patenschaftsprojekte effektiv und effizient sowie für Pat(inn)en und Zielgruppen gleichermaßen erfolgreich und nicht zuletzt nachhaltig initiieren und durchführen zu können.

1 Patenschaften als ein Modell bürgerschaftlichen Engagements

Die Arbeit, welche die Caritas als Wohlfahrtsverband leistet, wäre ohne das Engagement von ehrenamtlich Tätigen nicht denkbar. Deutschlandweit sind mehrere hunderttausend Menschen in Einrichtungen und Diensten der verbandlichen Caritas ehrenamtlich tätig und leisten dadurch einen wertvollen Beitrag zur karitativen Hilfe und Unterstützung von Menschen in Not.

Das Zusammenwirken von Ehrenamtlichen und Freiwilligen ist Wesensmerkmal der verbandlichen Caritas. Eine Kultur der Solidarität und des Helfens ist in den Einrichtungen und Diensten der Caritas verankert und kommt insbesondere im Engagement von Ehrenamtlichen und Freiwilligen zum Ausdruck.

Ehrenamtliche Mitarbeiter(innen) verfügen über vielseitige Erfahrungen, Qualifikationen, Kompetenzen und in der Regel über wertvolle Zeitressourcen. Insbesondere diese Zeitressourcen sind es, die hauptamtlichen Mitarbeiter(inne)n so nicht zur Verfügung stehen, und deren Bedeutung man nicht hoch genug schätzen kann, wenn es sich um Initiativen zur Unterstützung von Menschen in erschwerten Lebenssituationen handelt.

Durch bürgerschaftliches Engagement haben Ehrenamtliche die Möglichkeit, sich aktiv und lösungsorientiert an der Gestaltung gesellschafts- und sozial-politischer Prozesse zu beteiligen. Sie übernehmen gesellschaftliche Verantwortung, indem sie mitwirken bei der Durchführung von Initiativen, die zwar Einzelpersonen erreichen und zugute kommen sollen, letztlich jedoch auch immer unsere gesamte Gesellschaft angehen. Denn wenn beispielsweise junge Menschen in unserer Gesellschaft nicht ausgebildet werden oder keinen Arbeitsplatz finden, erschwert dies nicht nur die persönliche Zukunft der Betroffenen, sondern stellt darüber hinaus auch die Zukunftsfähigkeit unserer Gesellschaft in Frage.

Insbesondere auf kommunaler Ebene ist eine stetige Zunahme von ehrenamtlichem Engagement zu beobachten. Dieses Engagement zeugt davon, dass die Gestaltung zivilgesellschaftlicher Prozesse nicht allein in der Verantwortung politischer Akteure gesehen wird, sondern sich ein Bewusstsein für eine gesamtgesellschaftliche Verantwortung entwickeln konnte.

Eine Möglichkeit ehrenamtlichen Engagements, welche von Ehrenamtlichen insbesondere im Rahmen gemeinwesen- beziehungsweise stadtteilorientierter Maßnahmen vermehrt genutzt wird, besteht in der Übernahme eines Patenamtes für einen Menschen, welcher sich in einer erschwerten Lebenssituation befindet.

Der Begriff „Pate" leitet sich von der lateinischen Bezeichnung „pater spiritualis" beziehungsweise „patrinus" ab, was übersetzt „Mit-Vater" bedeutet; die genaue Übersetzung entspricht dem altdeutschen Wort „Gevatter". Als Patenschaft wird im Allgemeinen die freiwillige Übernahme einer Fürsorgepflicht bezeichnet. Das traditionsreichste und daher wohl bekannteste Patenamt entspringt der christlichen Tradition, einem Säugling zum Zeitpunkt seiner Geburt einen Paten/eine Patin zur Seite zu stellen, welche(r) für die religiöse Erziehung seines Patenkindes die Mitverantwortung trägt. Neben diesem kirchlichen Patenamt entwickelte sich vor allem im Verlauf des 20. Jahrhunderts eine Vielzahl von Patenschaftsbedeutungen beziehungsweise wurde die Patenschaft aus ihrer ursprünglich religiösen Bedeutung gelöst und auf weitere gesellschaftliche Bereiche des öffentlichen Lebens angewandt.

Neben Patenschaftsbeziehungen, die eine finanzielle Unterstützung von Menschen, Projekten oder Initiativen beinhalten, wurden insbesondere seit den 1990er Jahren vermehrt Patenschaftsmodelle entwickelt, bei welchen dem Aufbau einer Vertrauensbeziehung zwischen den sich freiwillig zur Verfügung stellenden Pat(inn)en und deren „Patenkindern" eine zentrale Rolle zukommt. Dieses Patenschaftsmodell wird im Allgemeinen als „Aktivpatenschaft" bezeichnet. Aktivpatenschaften haben sich im Verlauf der letzten 15 Jahre zu einem immer verbreiterteten Modell des bürgerschaftlichen Engagements entwickelt. Patenschaftsmodelle dieser Art bestehen mittlerweile in sämtlichen gesellschaftlichen Bereichen und dienen der Unterstützung verschiedenster Zielgruppen, wie zum Beispiel Kindern und Jugendlichen, Migrant(inn)en, Senior(inn)en, Menschen mit Behinderung oder kranken Menschen. Je nach Aufgabenbereich des jeweiligen Patenamtes werden Pat(inn)en mit speziellen Erfahrungen und Kompetenzen gesucht. So sind bei der Arbeit mit Kindern und Jugendlichen beispielsweise häufig pädagogische Erfahrungen der Pat(inn)en gefragt, während bei Patenschaftsmodellen zur Unterstützung von Menschen mit Migrationshintergrund häufig interkulturelle Kompetenzen der Ehrenamtlichen im Vordergrund stehen.

Ein zentraler Aspekt, welcher bei der Arbeit mit Ehrenamtlichen im Rahmen von Patenschaftsmodellen zum Tragen kommt, ist der der Zeit. Ehrenamtliche Mitarbeiter(innen) verfügen zumeist über weitaus mehr Zeitkapazitäten, als hauptamtliche Mitarbeiter(innen) diese je erübrigen könnten. Mittels Zeit und zwischenmenschlicher Sensibilität bauen Ehrenamtliche im Rahmen von Patenschaftsmodellen eine Vertrauensbeziehung mit ihrem jeweiligen „Patenkind" auf und sind hierdurch in der Lage, auf individuelle Probleme, Defizite und Lebenssituationen eingehen und gemäß den Fähigkeiten und Potentialen der „Patenkinder" gemeinsam mit ihnen Handlungs- und Lösungsstrategien zu entwerfen.

Das ehrenamtliche Engagement als Pate/Patin kann durchaus einen wechselseitigen Mehrwert haben. Zum einen hat man als Pate/Patin die Möglichkeit, einem Menschen in einer erschwerten Lebenssituation zur Seite zu stehen und auf der anderen Seite kann im Rahmen einer solchen Patenschaft eine tiefe, vertrauensvolle Beziehung zwischen zwei Menschen entstehen. Die Vertrauensbeziehung, die im Rahmen einer Patenschaft entstehen kann, wirkt sich häufig auf das Privatleben und das gesamte soziale Umfeld aus und dies gilt nicht nur für die „Patenkinder", sondern auch vielfach für die Pat(inn)en selbst. In vielen Fällen sind durch Patenschaftsbeziehungen langjährige Freundschaften entstanden, welche unabhängig von der ursprünglichen Idee der Patenschaftsbeziehung weitergeführt wurden.

Das Gelingen einer erfolgreichen und harmonischen Zusammenarbeit zwischen Hauptamtlichen und Ehrenamtlichen ist maßgebend für das Erreichen verschiedenster Zielsetzungen im Rahmen von Projekten und Initiativen. Daher ist ein zentraler Aspekt bei der Einbeziehung ehrenamtlicher Mitarbeiter(innen) im Allgemeinen und bei Patenschaftsprojekten im Besonderen die Begleitung und Beratung derselben durch hauptamtliche Mitarbeiter(innen). Auf welche Weise diese Begleitung und Beratung durchgeführt werden kann und welche Aspekte hierbei besonders zu beachten sind, wird im Folgenden dargestellt.

2 Patenschaftsprojekte – Strukturen, Erfahrungen und Umsetzungsstrategien

2.1 Strukturierung und Durchführung

Bei nahezu allen Patenschaftsprojekten der Caritas für die Zielgruppe von Kindern und Jugendlichen mit Migrationshintergrund übernehmen ehrenamtliche Mitarbeiter(innen) ein Patenamt für ein oder mehrere

Kinder/Jugendliche. Konzipiert und initiiert werden Patenschaftsprojekte zumeist von hauptamtlichen Mitarbeiter(inne)n. Diese entwickeln die Zielvorgaben und die praktischen Durchführungsmöglichkeiten des Projektvorhabens. Mitunter werden bereits in dieser Entwicklungsphase ehrenamtliche Mitarbeiter(innen) in die konkrete Planung einbezogen, um bei der Durchführung sicherzustellen, dass die entwickelten Zielvorhaben erreicht werden können und die konzipierten Maßnahmen praktisch anwendbar sind.

Die Mehrzahl der Patenschaftsinitiativen der Caritas mit der Zielgruppe Kinder und Jugendliche mit Migrationshintergrund sind derart konzipiert, dass Ehrenamtliche ausschließlich mit der Übernahme eines Patenamtes betraut sind. Hauptamtliche Mitarbeiter(innen) übernehmen hingegen organisatorische, administrative und koordinatorische Aufgaben. Auch öffentlichkeitswirksame Maßnahmen, die Werbung von Ehrenamtlichen sowie deren Beratung und Begleitung fällt zumeist in das Aufgabenressort hauptamtlicher Mitarbeiter(innen).

Diese hauptamtlichen Tätigkeiten binden Arbeits- und Zeitkapazitäten und dementsprechend besteht ein notwendiger Finanzierungsbedarf von Patenschaftsinitiativen. Meist beteiligt sich der initiierende Caritasverband beziehungsweise die initiierende Einrichtung an den entstehenden Kosten. Dies ist jedoch, insbesondere für Patenschaftsinitiativen, deren Laufzeit über mehrere Jahre angelegt ist, nicht immer leistbar. Daher gibt es die Möglichkeit, bei verschiedenen Stiftungen, Institutionen und Einrichtungen finanzielle Förderung zu beantragen.

Beispiele für die unterschiedlichen zu beantragenden finanziellen Förderungsmöglichkeiten von Patenschaftsinitiativen sind im Anhang dieser Auswertung ausführlich dargestellt.

Patenschaftsinitiativen werden häufig auf Projektbasis initiiert. Je nach der zu erreichenden Zielgruppe des jeweiligen Projektvorhabens werden oftmals neben den Einrichtungen der Caritas weitere Einrichtungen oder Organisationen mit in die Projektarbeit einbezogen, wie z.B. ARGEn, Kindergärten, Kindertagesstätten, Schulen, Jugendhäuser etc.

Die Einbindung weiterer Einrichtungen und Organisationen kann es erleichtern, mit Angehörigen der Zielgruppe in näheren Kontakt zu treten und stellt die praktische Durchführung der konzipierten Maßnahmen auf eine breitere Basis. Durch das Einbeziehen mehrerer Projektpartner in das geplante Vorhaben können auch die notwendigen finanziellen Ressourcen ggf. auf die verschiedenen Partner verteilt werden. Somit kann die Finanzierung des Projekts über einen längeren Zeitraum hinweg gesichert werden.

In verschiedenen Caritas-Ortsverbänden gehören Patenschaftsmodelle unterschiedlichster Form bereits seit vielen Jahren zum Regelangebot der gemeinnützigen Arbeit vor Ort. Diese Patenschaftsinitiativen werden nicht immer gesondert als Projekte beworben und finanziell gefördert. Patenschaftsinitiativen, die ursprünglich als Projekt begonnen haben und nach dem Ende der anvisierten Projektlaufzeit über weiterhin ausreichend finanzielle Mittel, Arbeits- und Zeitkapazitäten verfügen, werden mitunter weitergeführt, jedoch ohne den zeitlich begrenzten Projektcharakter. Neben den befristeten Projektvorhaben gibt es jedoch auch Patenschaftsbeziehungen, die von vornehrein ohne zeitliche Befristung geplant werden.

Patenschaftsprojekte implizieren das Entstehen einer Vertrauensbeziehung zwischen den freiwilligen Pat(inn)en und ihren jeweiligen „Patenkindern". Auf der einen Seite steht dabei ganz zu Anfang die Bereitschaft eines Paten/einer Patin, ehrenamtlich tätig zu werden und sich freiwillig in der persönlichen Hilfestellung für ein „Patenkind" zu engagieren. Auf der anderen Seite steht die Bereitschaft des „Patenkindes", sich auf einen hierfür notwendigen, mehr oder weniger intensiven Austausch mit dem Paten oder der Patin einzulassen.

Um diesen Austausch sinnvoll umzusetzen und unter Umständen auch die Entstehung einer Vertrauensbeziehung zu ermöglichen, sind einige grundlegende Übereinkünfte unerlässlich:

Pate/Patin und „Patenkind" treffen sich regelmäßig und bemühen sich gemeinsam, für die jeweilige Problemsituation des „Patenkindes" Handlungs- und Lösungsansätze zu entwickeln und in die Tat umzusetzen, welche den individuellen Fähigkeiten und Potentialen des „Patenkindes" angemessen sind.

Insbesondere bei Patenschaftsprojekten, welche jugendliche Migrant(inn)en als Zielgruppe vorsehen, wird darauf geachtet, dass die „Patenkinder" die Patenschaftsbeziehung ernst nehmen, ausgemachte Termine wahrgenommen werden und eine disziplinierte Form im zwischenmenschlichen Umgang eingehalten wird.

Die Intensität der Patenschaftsbeziehungen ist neben zwischenmenschlichen Sympathien auch von den unterschiedlichen Zielvorhaben der einzelnen Projekte abhängig.

Bei Patenschaftsprojekten im Ausbildungsbereich wird beispielsweise in einigen Fällen darauf geachtet, dass die Patenschaftsbeziehung nicht in das Privatleben der Pat(inn)en hineinspielt, um zu vermeiden, dass die Jugendlichen die Ehrenamtlichen zu sehr beanspruchen. Bei diesen Projekten ist das konkrete Ziel der Patenschaftsbeziehung das Erlangen beziehungsweise die Sicherung eines Ausbildungs- oder Arbeitsplatzes und das Patenverhältnis wird allein auf dieses Ziel hin konzipiert.

Bei anderen Projekten wiederum hängt die Intensität der Patenschaftsbeziehung allein von den Zeitressourcen der Pat(inn)en und den Wünschen und Bedürfnissen ihrer jeweiligen „Patenkinder" ab. Bei einer Vielzahl von Patenschaften, insbesondere bei Patenschaften für Kindergarten- und Vorschulkinder, kann beobachtet werden, dass die jeweiligen Zielvorgaben des Projektes umso besser erreicht werden, je mehr Zeit Patin/Pate und „Patenkind" miteinander verbringen und je intensiver sich ihre zwischenmenschliche Beziehung gestaltet.

2.2 Gewinnung von Ehrenamtlichen und Einbindung der Zielgruppen

In der Regel werden Patenschaftsinitiativen nach ihrer Konzeptionierung durch verschiedene öffentlichkeitswirksame Maßnahmen möglichst breit beworben, um auf der einen Seite genügend ehrenamtliche Pat(inn)en für das Projekt zu gewinnen und um auf der anderen Seite die zu erreichende Zielgruppe anzusprechen.

Die hier untersuchten Patenschaftsinitiativen zeugen von einer großen Vielfalt bei der Werbung um geeignete Pat(inn)en sowie bei der gezielten Ansprache der Kinder und Jugendlichen. Eine Vielzahl von Initiativen und Projekten macht mittels öffentlichkeitswirksamer Materialien (Flyer, Plakate, Newsletter), welche zum Teil in verschiedenen Sprachen verfasst werden, auf das Projektvorhaben aufmerksam. Ehrenamtliche werden häufig gezielt angesprochen, insbesondere wenn bereits Kontakte bestehen und möglicherweise im Vorfeld im Rahmen anderer Projekte schon erfolgreich zusammengearbeitet wurde.

Eine Reihe von Patenschaftsinitiativen spricht auch die zu erreichende Zielgruppe direkt an: Zum Beispiel werden in Schulen, Kindergärten oder Kindertagesstätten Informationsveranstaltungen durchgeführt und die Vorhaben vorgestellt. Interessierte Schüler(innen) können sich in diesem Fall zum Teil direkt oder im Rahmen eines nachfolgenden Gesprächs für eine Patenschaftsbeziehung „bewerben".

Vor allem im Bereich der Ausbildungsplatzsuche/Ausbildungsplatzsicherung ist zu beobachten, dass die Gewinnung sowohl von Ehrenamtlichen als auch von Jugendlichen eher auf offiziellem Wege stattfindet. Statt der persönlichen Kontaktsuche werden schwer vermittelbare Jugendliche durch Schulen oder Arbeitsagenturen auf die Möglichkeit einer Patenvermittlung aufmerksam gemacht.

Ebenso vielseitig wie die Form der Werbung und Öffentlichkeitsarbeit ist auch die Form der Zusammenführung von ehrenamtlichen Pat(inn)en und an einer Patenschaft interessierten „Patenkindern".

So gibt es Beispiele für die sogenannte „offene" Zusammenführung, was bedeutet, dass sich mehrere interessierte Pat(inn)en und „Patenkinder" einander vorstellen und sich im Rahmen eines gemeinsamen Gesprächs zueinander passende Paarungen finden. Bei diesem Konzept gibt es keinerlei Lenkung von Seiten der Projektleitungen; es wird auf spontan entstehende zwischenmenschliche Sympathien und deren Wirksamkeit vertraut.

Bei einer Vielzahl von Projekten wird hingegen im Vorfeld von hauptamtlichen Projektleiter(inne)n eine Vorauswahl getroffen. Diese schätzen während des Kennenlernprozesses der „Patenkinder" ein, welche/welcher Ehrenamtliche für das betreffende Kind/den betreffenden Jugendlichen eine Patenschaft übernehmen könnte. Im Rahmen eines ersten gemeinsamen Treffens treffen daraufhin beide gemeinsam die Entscheidung, ob sie eine Patenbeziehung eingehen wollen.

Weiterhin gibt es Beispiele für ein so genanntes „schriftliches Auswahlverfahren", welches häufig im Bereich von Ausbildungspatenschaften angewendet wird. Bei diesem Verfahren suchen sich die freiwilligen Pat(inn)en anhand einer schriftlichen Beschreibung des Werdegangs des Jugendlichen ein „Patenkind" aus, welches am ehesten von den Kompetenzen und Qualifikationen des/der Ehrenamtlichen profitieren könnte.

Problemorientierte Handlungsempfehlungen

Letztlich spielt es eher eine untergeordnete Rolle, welche öffentlichkeitswirksamen Maßnahmen im Einzelnen durchgeführt werden. Von zentraler Bedeutung für ein Patenschaftsprojekt ist jedoch, dass das Vorhaben möglichst breit beworben wird, um sicherzustellen, dass einer bestimmten Anzahl von interessierten „Patenkindern" auch eine entsprechende Anzahl von Pat(inn)en zur Verfügung gestellt werden kann. Hierbei spielen neben öffentlichkeits- und werbewirksamen Maßnahmen auch Aufbau und Pflege von Netzwerkstrukturen eine zentrale Rolle. Der Kontakt zu Netzwerken, zu bereits bestehenden Projekten mit ähnlicher Zielrichtung sowie zu Einrichtungen und Institutionen, welche inhaltliche oder organisatorische Berührungspunkte bieten, kann hilfreich sein bei der örtlichen Einbindung des jeweiligen Projektvorhabens.

Bei der Auswahl und Zusammenführung von Pat(inn)en und Ehrenamtlichen ist zu beachten, dass der gegenseitigen Sympathie sowie der Antipathie unbedingt Raum gegeben werden muss. Nicht die Form der Zusammenführung ist entscheidend, sondern wie sie von den Beteiligten wahrgenommen wird und inwieweit die Beteiligten ihre Bedenken und Bedürfnisse äußern können. Anfangs gut harmonierende Paarungen müssen jederzeit wieder problemlos auseinander gehen können, wenn eine Weiterführung des Patenschaftsverhältnisses aus verschiedensten Gründen nicht möglich erscheint.

Zudem sollten im Vorfeld von Seiten der Projektkoordinatoren/Projektverantwortlichen ausführliche Gespräche mit den Ehrenamtlichen erfolgen, um diese über Zielsetzung und Vorgehensweisen des jeweiligen Projektvorhabens zu informieren. An dieser Stelle sollte geprüft werden, welche Motivation die Ehrenamtlichen haben, ein Patenamt zu übernehmen, ob und welche Voraussetzungen sie für diese Tätigkeit mitbringen, um spätere Komplikationen, sei es in zwischenmenschlicher oder fachlicher Hinsicht, zu vermeiden.

Bei einer Vielzahl von Patenschaftsinitiativen ist es ratsam, bereits in einem sehr frühen Stadium die Eltern der „Patenkinder" einzubeziehen, sie mit dem jeweiligen Paten/der Patin bekannt zu machen und während der gesamten Projektlaufzeit dafür Sorge zu tragen, dass die Eltern einen Einblick in die Entwicklung der Patenbeziehung haben.

Die hauptamtlichen Mitarbeiter(innen) sind hier besonders gefordert, zwischenmenschlichen Neigungen ausreichend Raum zu gewähren und gleichzeitig organisatorischen Rahmenbedingungen gerecht zu werden.

2.3 Begleitung und Qualifizierung von Ehrenamtlichen

Bei nahezu allen dieser Untersuchung zugrunde liegenden Patenschaftsprojekten werden Ehrenamtliche in Form einer Einführungsveranstaltung mit den unterschiedlichen Aspekten ihrer Tätigkeit als Pate/Patin vertraut gemacht.

Bei einer Vielzahl von Initiativen werden in regelmäßigen Abständen gemeinsame Treffen für haupt- und ehrenamtliche Mitarbeiter(innen) organisiert, um eventuelle Probleme oder Fortschritte sowie individuelle Schwierigkeiten innerhalb der Patenschaftsbeziehung auszutauschen und Handlungs- und Lösungsstrategien zu entwickeln. In einigen Fällen werden auch Treffen von beziehungsweise für Ehrenamtliche organisiert, damit ein Austausch unter den beteiligten Pat(inn)en gewährleistet ist.

Bei Patenschaftsprojekten, die gesonderte Qualifizierungen beziehungsweise Kompetenzen von ihren Pat(inn)en erwarten, werden weiterführende Seminare konzipiert und durchgeführt. Dies ist zum Beispiel bei Patenschaften für unbegleitete minderjährige Flüchtlinge, Patenschaften für schwer erziehbare Kinder und Jugendliche oder Projektvorhaben für Integrationslotsen der Fall.

Problemorientierte Handlungsempfehlungen

Bei der Betrachtung und Auswertung einer Vielzahl von Patenschaftsprojekten fällt auf, dass hinsichtlich der regelmäßigen Begleitung sowie der Weiterqualifizierung von Pat(inn)en häufig unzureichende finanzielle Mittel sowie mangelnde Zeitressourcen von Hauptamtlichen beklagt werden.

Eine angemessene Begleitung und Unterstützung der Ehrenamtlichen im Rahmen von Patenschaftsprojekten ist unerlässlich für eine erfolgreiche Durchführung solcher Initiativen. Pat(inn)en müssen entsprechend ihrer Bedürfnisse begleitet werden und müssen Raum und Möglichkeit für Rücksprachen und Hilfestellungen bei Problemfällen gewährt bekommen. Auch der regelmäßige Austausch mit anderen Pat(inn)en ist von zentraler Bedeutung für die zum Teil sehr anspruchsvolle Tätigkeit einer/eines ehrenamtlichen Patin/Patens.

Bei der Konzeption und finanziellen Planung eines Patenschaftsprojektes sollten diese Maßnahmen zur Begleitung und Qualifizierung der Pat(inn)en unbedingt beachtet werden. Sowohl finanzielle wie zeitliche/personelle Ressourcen sollten hierfür im Vorfeld in ausreichendem Maße kalkuliert werden.

Wie sich in zahlreichen Patenschaftsprojekten gezeigt hat, fördert diese Unterstützung der Patinnen und Paten nicht nur die Qualität der Begleitung, sie wirkt sich auch positiv auf die Motivation der ehrenamtlich tätigen Patinnen und Paten und damit auf ihre Eigenständigkeit im Hinblick auf Engagement und Organisation aus. In vielen Fällen entwickelt sich hieraus eine Eigendynamik, ein so genannter „Organisationsentwicklungsprozess", der dem gesamten Projekt zugute kommt: Ehrenamtliche übernehmen neben ihrer Tätigkeit als Pate/Patin mitunter organisatorische und koordinatorische Aufgaben im Rahmen der Projektarbeit und entlasten auf diese Weise hauptamtliche Mitarbeiter(innen); sie organisieren Möglichkeiten zum Erfahrungsaustausch für andere Patinnen und Paten oder unterstützen neu hinzukommende Ehrenamtliche bei der Ausübung ihres Patenamtes; sie entwickeln die organisatorischen oder inhaltlichen Konzepte des jeweiligen Patenschaftsprojektes weiter und tragen damit wesentlich zum Erfolg des jeweiligen Projekts bei.

2.4 Nachhaltigkeit von Patenschaftsprojekten

Da Patenschaftsinitiativen häufig auf Projektbasis initiiert und durchgeführt werden, endet eine Vielzahl der Initiativen mit der Projektlaufzeit. Erfolgreiche Prozesse und Maßnahmen, die durch die Projektarbeit in Gang gesetzt wurden, enden somit und können aufgrund fehlender finanzieller Mittel und nicht gewährleisteter Weiterfinanzierung nicht weitergeführt werden.

Problemorientierte Handlungsempfehlungen

Um dem Problem der finanziellen Förderung entgegenzutreten, sollte sichergestellt werden, dass tatsächlich alle Möglichkeiten der finanziellen Förderung ausgeschöpft werden. Häufig werden Patenschaftsprojekte, insbesondere wenn sie sich bereits als erfolgreich und zugleich als unerlässlich für die zu erreichende Zielgruppe bewährt haben, von weitaus mehr Stiftungen und Institutionen finanziell gefördert, als allgemein bekannt ist.

Weiterhin ist es unerlässlich, dass die Projekte öffentliche Aufmerksamkeit gewinnen. Dies ist sowohl für eventuelle Förderungsmöglichkeiten als auch für die Einbindung der Initiativen in örtliche und kommunale Strukturen unerlässlich.

Werden Projekte und Initiativen, ihre Inhalte und Maßnahmen einer breiten Öffentlichkeit zugänglich gemacht, steigen die Chancen, dass eine finanzielle Förderungsmöglichkeit über die ursprüngliche Projektlaufzeit hinaus erreicht werden kann. Eventuell kann auf diese Weise erreicht werden, dass die Initiative dauerhaft, z.B. durch eine Unterstützung auf Landes- oder Kommunalebene, als beständig finanzierte Maßnahme implementiert werden kann.

Durch Anknüpfung an bereits bestehende Netzwerkstrukturen auf Bundes-, Länder- oder kommunaler Ebene besteht ebenfalls die Möglichkeit, zeitlich befristete Projekte dauerhaft zu implementieren, so dass die begonnenen Maßnahmen nicht mit dem Ende der Förderungsdauer beendet werden müssen, sondern nachhaltig fortgeführt werden können.

Vor diesem Hintergrund kommt dem Aspekt der gegenseitigen Vernetzung von Patenschaftsmodellen untereinander eine zentrale Rolle zu. Durch eine aktive Netzwerkarbeit und dem Aufbau von Kontakten und

Bindungen zu weiteren Initiativen und Netzwerken können bei Bedarf inhaltliche und strukturelle An- und Verbindungen von Projekten entstehen, was zu einer gemeinsame Weiterführung der begonnen Arbeit führen kann.

In einigen Fällen wurden Patenschaftsprojekte nach dem Ende ihrer Förderungsdauer durch Ehrenamtliche weitergeführt, ohne dass dabei die organisatorische Unterstützung von Hauptamtlichen weiterhin in Anspruch genommen worden wäre. Hierbei handelt es sich sicherlich um Ausnahmen, nicht jedes Patenschaftsprojekt bietet die Möglichkeit, ohne hauptamtliche Mitarbeit bestehen zu können. Bilden sich jedoch im Laufe der Projektarbeit Tendenzen ehrenamtlicher Mitarbeiter(innen) heraus, organisatorische und koordinatorische Aufgaben zu übernehmen, können diese von Seiten der hauptamtlichen Projektleitung unterstützt werden, um nach dem Ende der Projektlaufzeit ein Weiterbestehen der initiierten Maßnahmen zu ermöglichen.

2.5 Erfolg und Wirksamkeit von Patenschaftsprojekten

Der Erfolg von Patenschaftsprojekten ist nur schwer messbar.

Bei einigen Patenschaftsinitiativen erscheint ihr Erfolg, gemäß ihren Zielvorgaben, auf offensichtliche Weise beurteilbar. Ist zum Beispiel eine große Personenanzahl der zu erreichenden Zielgruppen in die Maßnahmen integriert worden? Wurden im Rahmen einer Ausbildungspatenschaft verhältnismäßig vielen Jugendlichen ein Ausbildungsplatz vermittelt? Haben sich im Rahmen von Hausaufgabenhilfen die schulischen Leistungen der „Patenkinder" dementsprechend verbessert?

Dies scheinen offensichtliche Kriterien zu sein, anhand derer sich der Erfolg eines Patenschaftsprojektes messen lässt.

Dennoch sind Erfolge in Patenschaftsprojekten nicht allein abhängig von erreichten Ausbildungsplätzen oder verbesserten schulischen Leistungen. Da ein zentraler Aspekt im Rahmen von Patenschaftsprojekten die Entstehung einer Vertrauensbeziehung zwischen Pat(inn)en und „Patenkindern" ist, sind letztlich auch diese Beziehungen maßgebend für den Erfolg beziehungsweise Misserfolg von Patenschaftsbeziehungen. So ist es durchaus möglich, dass ein Jugendlicher nicht in eine Ausbildung vermittelt werden konnte, oder dass die Patenschaftsbeziehung sogar frühzeitig beendet wurde. Jedoch kann man dennoch nicht ausschließen, dass der betreffende Jugendliche von dieser Beziehung zu seiner Patin/seinem Paten profitieren konnte, bestimmte Inhalte und Techniken bezüglich Bewerbungen und Ausbildungsplatzsuche vermittelt wurden und der Jugendliche nun in der Lage ist, sich selbstständig um einen Ausbildungsplatz zu bemühen.

Möglicherweise werden die ursprünglichen Zielvorgaben, die im Rahmen von Patenschaftsprojekten konzipiert wurden, nicht erreicht, was jedoch nicht von vorneherein ausschließt, dass in den entstandenen Patenschaftsbeziehungen individuelle Potentiale gefördert und persönliche Probleme der „Patenkinder" gelöst werden konnten und für beide Seiten bereichernde Stunden miteinander verbracht wurden.

Durch diese persönlichen, zwischenmenschlichen Beziehungen, die im Rahmen von Patenschaftsinitiativen entstehen und welche unmöglich empirisch auf Erfolg oder Misserfolg hin beurteilt werden können, ist der Erfolg von Patenschaftsprojekten nur schwer messbar und nicht immer in Zahlen auszudrücken.

Die Auswertung einer Vielzahl von Patenschaftsprojekten der verbandlichen Caritas für Kinder und Jugendliche mit Migrationshintergrund ergab, dass die häufigsten Ursachen für das Scheitern beziehungsweise für Misserfolge von Patenschaftsprojekten zum einen mangelnde finanzielle Fördermittel und zum anderen eine unzureichende Anzahl von freiwilligen Pat(inn)en ist.

Bei Projekten, welche über eine – zumindest befristete – gesicherte Finanzierung sowie über genügend freiwillige Pat(inn)en verfügten, wurde von Seiten der Verantwortlichen der im Vordergrund stehende Erfolg der Initiative in den meisten Fällen darin gesehen, dass durch die betreffende Initiative den Kindern und Jugendlichen Zeit und Aufmerksamkeit entgegengebracht werden konnte, was sich positiv auf eine Vielzahl von Lebensbereichen auswirkte.

3 Formen von Patenschaftsprojekten für Kinder und Jugendliche mit Migrationshintergrund

Patenschaftsmodelle können in ihrer Zielsetzung, ihrer Strukturierung und Durchführung sehr vielseitig und unterschiedlich sein. Gemäß ihrer Inhalte und Zielsetzungen sind auch ihre Bezeichnungen sehr vielseitig: Von Bildungspatenschaften, Lernpatenschaften, Lesepatenschaften, Ausbildungspatenschaften, Mentorenprojekten, Integrations- und Kulturlotsen etc. ist die Rede – und dennoch existiert in diesem Bereich keine einheitliche Begrifflichkeit.

Ein Patenschaftsprojekt, welches „Lernpatenschaften" als Projektziel formuliert und entsprechende Maßnahmen durchführt, kann grundsätzlich andere inhaltliche Zielsetzungen verfolgen als andere Modelle, welche ebenfalls mit dem Titel „Lernpatenschaften" definiert werden.

Gemeinsam ist all diesen unterschiedlichen und vielseitigen Projekten, dass sie durch Patenschaftsbeziehungen zwischen ehrenamtlichen Mitarbeiterinnen und Mitarbeitern und Kindern und Jugendlichen mit Migrationshintergrund dazu beitragen wollen, deren individuelle Lebensumstände zu verbessern, Potentiale und Talente zu fördern und die Integration in die deutsche Gesellschaft zu erleichtern.

Um einen Überblick über die verschiedenen Arten und Formen von Patenschaftsprojekten für Kinder und Jugendliche mit Migrationshintergrund zu vermitteln, sollen hier die auf der Grundlage der ausgewerteten Projekte als besonders wichtig erscheinenden Kategorien von Patenschaftsmodellen beispielhaft dargestellt werden. Hierbei kann nicht ausgeschlossen werden, dass es Patenschaftsmodelle gibt, die sich in keiner der hier erläuterten Rubriken wieder finden. Andere Projektvorhaben hingegen verfügen über eine derart vielseitige Spannbreite von Patenschaften für benachteiligte Kinder und Jugendliche, so dass sie gleich mehreren Rubriken zuzuordnen wären.

Die im Folgenden gewählte Unterteilung erfolgt durch eine Auswertung der aktuell bestehenden Patenschaftsprojekte für Kinder und Jugendliche mit Migrationshintergrund aus den Einrichtungen und Diensten der Caritas. Zur Veranschaulichung der verschiedenen Formen von Patenschaftsmodellen werden beispielhaft einige aktuelle Patenschaftsprojekte der verbandlichen Caritas vorgestellt und benannt.

Die bestehenden Patenschaftsmodelle für Kinder und Jugendliche mit Migrationshintergrund der Caritas werden nach folgenden thematischen Schwerpunkten unterteilt:

a) Patenschaftsmodelle für Kinder mit Migrationshintergrund im Kindergarten- und Vorschulalter.
b) Patenschaftsmodelle für Kinder mit Migrationshintergrund in der Grundschule und in weiteren schulischen Bereichen.
c) Patenschaftsmodelle für jugendliche Migrantinnen und Migranten im Übergang von der Schule in den Beruf.
d) Patenschaftsmodelle für jugendliche Migrantinnen und Migranten im Bereich der Ausbildungsplatzsuche/Ausbildungsplatzsicherung.
e) Patenschaftsmodelle für Kinder und Jugendliche mit Migrationshintergrund in unterschiedlichen Lebenssituationen.

a) Patenschaftsmodelle für Kinder und Jugendliche mit Migrationshintergrund im Kindergarten- und Vorschulalter

Rund ein Fünftel aller in Deutschland lebenden Menschen sowie jedes dritte Kind unter sechs Jahren haben einen Migrationshintergrund. In städtischen Ballungsräumen gilt dies bereits für mehr als 40 Prozent der Kinder und Jugendlichen. In vielen Migrantenfamilien wird Deutsch nicht als erste Sprache gesprochen. Kinder mit Migrationshintergrund erwerben Kenntnisse der deutschen Sprache häufig erst dann, wenn sie einen Kindergarten, eine Kindertagesstätte oder eine ähnliche Einrichtung besuchen. Wird vom Kindergartenbesuch gänzlich abgesehen, ist zu beobachten, dass sogar erst zum Zeitpunkt der Einschulung mit dem systematischen Spracherwerb begonnen wird. Der später einsetzende Spracherwerb kann von vielen Kindern lange Zeit nicht gänzlich nachgeholt werden, da erlernte Sprachkenntnisse im Elternhaus häufig nicht vertieft werden können. Somit verfügen Kinder mit Migrationshintergrund zum Teil nicht über ausreichende Kenntnisse der deutschen Sprache zum Zeitpunkt ihrer Einschulung.

Bei dieser Problematik setzen viele Patenschaftsprojekte im Kindergarten- und Vorschulalter an. Das Erlernen der deutschen Sprache soll durch den Einsatz Ehrenamtlicher gefördert und eine stetige Anwendung unterstützt werden. In Form von regelmäßigem Vorlesen, miteinander Sprechen, Spielen und weiteren Aktivitäten versuchen ehrenamtliche Mitarbeiterinnen und Mitarbeiter in Kindergärten, Kindertagesstätten und ähnlichen Einrichtungen Kindern mit Migrationshintergrund auf diese Weise einen regelmäßigen Zugang zur deutschen Sprache zu ermöglichen und versäumte Sprachkenntnisse nachzuholen. Bei einigen Projekten wird auch explizit das Ziel formuliert, die Eltern der Kinder mit in die Projektarbeit einzubeziehen, um auch die Deutschkenntnisse der Eltern und damit deren aktive Teilnahme am Umfeld ihrer Kinder zu fördern.

Beispiele aus den Einrichtungen der Caritas:
- Projekt „1zu1 – Spielend lernen"

Das Projekt ist ein Integrationsprojekt für Kinder mit Migrationshintergrund, deren Kenntnisse der deutschen Sprache verbessert werden sollen. Das Projekt ist ein Kooperationsprojekt zwischen dem Seniorenbüro des Diakonischen Werkes, der Außenstelle Dreieich des Caritasverbandes Offenbach/Main e.V. und der Gerhart-Hauptmann-Schule in Dreieich, einer Grundschule mit hohem Ausländeranteil.

In einer Lernpatenschaft beschäftigt sich jeweils eine ehrenamtliche Mitarbeiterin/ein ehrenamtlicher Mitarbeiter mit einem Kind im Vorschulalter. In Alltagssituationen, wie zum Beispiel bei einem Besuch auf dem Spielplatz, in der Bücherei oder bei einem Gesellschaftsspiel, findet ein intensiver sprachlicher Austausch statt. So werden Sprachbarrieren spielerisch abgebaut und generationenübergreifende Kontakte zwischen alten und jungen Menschen unterschiedlicher Kulturkreise kommen zustande.

Dem regelmäßigen Kontakt zu den Eltern der Patenkinder sowie zu anderen Lernpaten kommt im Rahmen der Projektarbeit eine zentrale Rolle zu.

Hauptamtliche Mitarbeiterinnen und Mitarbeiter unterstützen die Freiwilligen bei ihrem Engagement.

Kontakt:
Internet: www.caritas-offenbach.de

b) Patenschaftsmodelle für Kinder mit Migrationshintergrund in der Grundschule und in weiterführenden Schulen

Eine Vielzahl von Patenschaftsprojekten sind in ihrer Zielsetzung auf die Unterstützung von Schülerinnen und Schülern mit Migrationshintergrund ausgerichtet. Ziel ist es hierbei, Schülerinnen und Schülern mit Migrationshintergrund bei der Bewältigung des Schulalltags unterstützend zur Seite zu stehen. So sollen eventuelle Lernrückstände ausgeglichen, einer mangelnden Sozialisation im Klassenverbund entgegengewirkt, Hausaufgaben betreut oder sinnvolle Nachhilfeangebote gemacht werden. Einige der Patenschaftsprojekte setzen bereits in der Grundschule an, einige konzentrieren sich hingegen auf Schülerinnen und Schüler weiterführender Schulen.

Projekte dieser Art werden häufig als „Lernpatenschaften", „Bildungspatenschaften" oder auch „Schulpatenschaften" bezeichnet.

Beispiele aus den Einrichtungen der Caritas

- Projekt „KUBIK" – Interkultureller Bildungstreff für Kinder, Jugendliche und Eltern

Der Fachdienst Migration des Caritasverbandes für die Stadt Freiburg initiierte im Jahr 2004 dieses Projekt, welches für drei Jahre von der Aktion Mensch gefördert wird.

Ziel des Projektes ist es, Kindern und Jugendlichen mit Migrationshintergrund und auch deren Eltern einen besseren Zugang zum deutschen Bildungssystem zu eröffnen.

KUBIK kooperiert mit Kindergärten und Schulen, mit ausländischen Vereinen und vor allem mit Ehrenamtlichen, die dabei helfen, die Sprachkenntnisse der zugewanderten Kinder und Jugendlichen zu verbessern.

Im Rahmen der Projektarbeit wurde eine Mediothek eingerichtet, in der über 900 mehrsprachige Bücher, Kassetten, DVDs und Spiele kostenlos ausgeliehen werden können. Sie verfügt außerdem über einen Computer mit Internetzugang. In der Mediothek werden in regelmäßigen Abständen Bücher von ehrenamtlichen Mitarbeiter(inne)n vorgelesen, Spiele gespielt und gezielte Sprachfördermaßnahmen durchgeführt.

Ein weiteres zentrales Ziel der Projektarbeit ist die Einbeziehung der Eltern in das deutsche Bildungswesen sowie in den schulischen Alltag ihrer Kinder. Daher werden in regelmäßigen Abständen Elternabende organisiert, bei welchen die Eltern Fragen zu den Schulstrukturen stellen können. Wichtig ist hierbei auch, dass sich Eltern untereinander kennen lernen und Kontakte knüpfen. Dieser interkulturelle Austausch ist für die Eltern oft ebenso wichtig wie für ihre Kinder, da Kontakte dieser Art sich häufig in Form von gemeinsamen Freizeitaktivitäten fortsetzen.

Die ehrenamtlichen Mitarbeiter(innen), die sich in dem Projekt „KUBIK" engagieren, werden von hauptamtlichen Mitarbeiter(inne)n bei ihrer Arbeit unterstützt. Bei regelmäßig organisierten Treffen können sie sich mit Ehrenamtlichen aus anderen Patenschaftsprojekten austauschen. Zudem ist man stets bemüht, einen engen Kontakt zwischen den ehrenamtlichen Mitarbeiter(inne)n und den jeweiligen Lehrerinnen und Lehrern ihrer Patenkinder herzustellen.

Kontakt:
Caritasverband für die Stadt Freiburg e.V.
Fachdienst Migration
Komturstraße 36
79106 Freiburg
Internet: http://www.caritas-freiburg.de

c) Patenschaftsmodelle für jugendliche Migrantinnen und Migranten im Bereich des Übergangs von der Schule in den Beruf

Dieser Bereich der Patenschaftsmodelle setzt zumeist in den letzten Schuljahren der Jugendlichen an. Patenschaftsprojekte setzten sich hierbei unter anderem das Ziel, die schulischen Leistungen der Schülerinnen und Schüler zu verbessern, damit ein Schulabschluss erfolgreich erreicht werden kann, um die Chancen auf dem Ausbildungsmarkt zu vergrößern.

Jedoch nicht allein die Verbesserung der schulischen Leistungen steht bei diesen Patenschaftsprojekten im Vordergrund. Auch die Erlangung der sogenannten „Ausbildungsreife" ist ein zentraler Aspekt in der Zielsetzung einer Vielzahl von Patenschaftsprojekten. Denn häufig sind es nicht allein die schlechten Schulnoten, sondern auch fehlende soziale und zwischenmenschliche Kompetenzen, Motivationsschwierigkeiten oder die mangelnde Ausprägung gezielter Interessen, die bei vielen Schülerinnen und Schülern dazu führen, dass sie später keinen Ausbildungsplatz erhalten.

Des Weiteren spielt auch die Information über die verschiedenen Berufsbilder eine zentrale Rolle in der Projektarbeit einiger Patenschaftsprojekte. Für welchen Beruf könnte ich mich eventuell interessieren? Welche beruflichen Möglichkeiten habe ich mit welchem Schulabschluss? Welche Voraussetzungen muss ich erfüllen, um diesen oder jenen Beruf erlernen zu können? Welche konkreten, alltäglichen Tätigkeiten beinhalten die verschiedenen Berufsbilder? Häufig sind dies Fragen, mit denen sich Schülerinnen und Schüler nicht ausreichend auseinandersetzen beziehungsweise über die sie in der Schule nicht ausreichend informiert werden.

Eine Vielzahl der Patenschaftsprojekte, die diesem Bereich des Übergangs von der Schule in den Beruf zugeordnet werden, haben neben den eben beschriebenen Zielsetzungen und dementsprechenden Maßnahmen auch die Unterstützung bei der Ausbildungsplatzsuche im Blick. Dennoch liegt hierauf nicht unbedingt der Fokus dieser Projekte, daher die Einordnung unter diese Rubrik.

Beispiele aus den Einrichtungen der Caritas:

- Projekt „Berufsorientierungsbausteine" des Caritasverbandes Nordhessen-Kassel e.V.

Dieses dreijährige Projekt wurde als gemeinwesenorientiertes Projekt zur gesellschaftlichen Integration von Zuwanderinnen und Zuwanderern konzipiert und wird daher für die Dauer der Projektlaufzeit bis Juli 2010 mit Bundesmitteln finanziell gefördert.

Ziel des Projektvorhabens ist es, in Zusammenarbeit zwischen dem Jugendmigrationsdienst des Caritasverbandes Nordhessen-Kassel e.V., der Georg-August-Zinn Schule in Kassel sowie dem Frauentreff Brückenhof Berufsorientierungsangebote für Jugendliche zu entwickeln und bereits bestehende Konzepte weiter auszubauen.

Im Rahmen des Projektvorhabens sind unterschiedliche Maßnahmen geplant, die eine profunde Berufsorientierung von Jugendlichen in den Klassenstufen 5–10 gewährleisten sollen.

Folgende Maßnahmen sollen durchgeführt werden:

- Schnupperpraktika für die 8. Klasse (zweitägiges Praktikum in einem „geschlechtsuntypischen" Berufsfeld.
- Fähigkeitenparcours (Projekttag, bei welchem die Schüler(innen) Fähigkeiten aus den Bereichen Allgemeinwissen, technisches Verständnis, Ausdrucksvermögen, Teamarbeit etc. testen können).
- Kurs „fit fürs Leben" (verpflichtende Unterrichtsstunde für die Schüler(innen) der 8. Klasse, in welcher Themen wie Lebensplanung, Berufsfelderkundung, Verträge, Finanzen, Beratungsstellen etc. bearbeitet werden).
- Café Beruf (Ausbildungsbetriebe stellen sich und verschiedene Berufsfelder vor).
- Informationsveranstaltungen für die Eltern.

Um diese Maßnahmen zu unterstützen ist in dem Projektkonzept ebenfalls der Aufbau von Patenschaftsbeziehungen enthalten. Ehrenamtliche übernehmen entweder eine Einzelpatenschaft für einen Jugendlichen oder beraten und begleiten einen ganzen Klassenverbund. Die Erfahrungen und Kenntnisse über Berufsbilder und die alltägliche Arbeitswelt werden von den ehrenamtlichen Pat(inn)en an die Schüler weitergegeben und komplettieren die weiteren projektbezogenen Maßnahmen.

Neben dem ehrenamtlichen Engagement der Pat(inn)en werden im Rahmen dieses Projektes auch die Jugendlichen selbst auf ehrenamtlicher Basis gefordert. Alle Schüler(innen) der 8. Klasse durchlaufen im Laufe des Schuljahres eine Mitarbeit beim Waffelbacken in einem Altenheim der Region. Hierbei erhalten die Jugendlichen neben dem Einblick in den beruflichen Alltag einer solchen Einrichtung die Möglichkeit, engagierte ehrenamtliche Arbeit kennen zu lernen und so auch perspektivisch gemeinnützige Alternativen neben Schule, späterem beruflichem Alltag und Familie zu entwickeln.

Kontakt:
Caritasverband Nordhessen-Kassel e.V.
Die Freiheit 2
34117 Kassel
Internet: http://www. caritas-kassel.de

d) Patenschaftsmodelle für jugendliche Migrantinnen und Migranten im Bereich der Ausbildungsplatzsuche/Ausbildungsplatzsicherung

Der seit einigen Jahren bestehende Mangel an Ausbildungsplätzen in Deutschland führt zunehmend zu einer hohen Anzahl ungelernter junger Menschen. Laut Berufsbildungsbericht des Bundesministeriums für Bildung und Forschung aus dem Jahr 2006 lag die Zahl der Jugendlichen zwischen 20 und 29 Jahren, die im Jahr 2004 keine abgeschlossene Berufsausbildung besaßen, bei 14,9 %. Bei den Jugendlichen ohne deutsche Staatsangehörigkeit lag die Zahl sogar bei 36,6 %. Experten schätzen die Zahl der Zuwanderer und deren Nachkommen, die ihre Schul- und Ausbildungszeit in Deutschland verbringen und über keine berufliche Qualifizierung verfügen, auf über eine Million.

Patenschaftsprojekte dieser Rubrik haben die gezielte Unterstützung bei der Ausbildungsplatzsuche für jugendliche Migrant(inn)en im Blick, welche keinen beziehungsweise einen unzureichenden Schulabschluss haben oder sich bereits seit längerer Zeit vergeblich um einen Ausbildungsplatz bemühen. Selbst im Falle eines adäquaten Schulabschlusses fällt es jugendlichen Migrant(inn)en häufig schwerer als deutschen Jugendlichen, einen Ausbildungsplatz zu erlangen. Sie verfügen häufig nicht über notwendige soziale Netzwerke und Beziehungen, die in der heutigen Zeit des Mangels an Ausbildungsplätzen erforderlich sind, um einen reibungslosen Übergang von der Schule in den Beruf zu ermöglichen. Bei dieser Problematik setzen viele der sogenannten „Ausbildungs- und Jobpatenschaften" an: Ehrenamtliche, die zum Teil selbst noch im Berufsleben stehen oder bereits pensioniert sind, helfen Jugendlichen, diesen Mangel an Beziehungen und Kontakten zu ausbildenden Betrieben und Unternehmen auszugleichen. Durch gezielte Vermittlung und Netzwerkarbeit stellen sie Kontakte her, zu denen die meisten Jugendlichen ansonsten keinen Zugang hätten und vermitteln somit Vorstellungsgespräche, Praktika, Probe- beziehungsweise Schnupperarbeitsmöglichkeiten und in einigen Fällen auch direkt Ausbildungsplätze.

Viele der Ausbildungspatenschaften beinhalten zudem auch Maßnahmen wie Bewerbungstrainings – also das korrekte Verfassen eines Bewerbungsschreibens, Vorbereitung auf Vorstellungsgespräche, Verhaltenstechniken bei potentiellen Konflikten mit Mitarbeiter(inne)n oder Vorgesetzten etc.

Nicht alle Ausbildungspatenschaften haben unmittelbar die Vermittlung eines Ausbildungsplatzes als zentrale Zielvorgabe. Häufig stehen im Rahmen der Projektarbeit auch Maßnahmen im Vordergrund, die jugendliche Migrant(inn)en dazu befähigen sollen, sich in der alltäglichen Ausbildungssituation zu bewähren und den Arbeitsalltag zu bewältigen. Hierfür stehen ehrenamtliche Pat(inn)en in Form von regelmäßigen Treffen und Gesprächen zur Verfügung, um zum Beispiel Unterstützung bei der Lösung innerbetrieblicher Konfliktsituationen, bei Motivationsschwierigkeiten oder beim Nachholen von bisher versäumtem Fachwissen anzubieten. Diese Maßnahmen spielen in der jeweiligen Projektkonzeption vor allem dann eine gesonderte Rolle, wenn die zu erreichende Zielgruppe insbesondere aus Jugendlichen besteht, die bereits mehrere Ausbildungen abgebrochen haben oder sich aufgrund ihrer individuellen Lebenssituationen besonders schwer tun, einen Ausbildungsplatz zu erlangen.

Wie bei allen anderen Formen von Patenschaftsmodellen kommt auch hier der persönlichen Vertrauensbeziehung zwischen Pat(inn)en und „Patenkindern" eine zentrale Rolle zu.

Projektbeispiele aus den Einrichtungen der Caritas:

- „Jugendpaten in Augsburg" – Ein Projekt des Freiwilligen-Zentrums Augsburg und des SKM – Katholischer Verband für soziale Dienste

Zielgruppe dieses Projektes sind junge Arbeitslose unter 25 Jahren, die Leistungen nach den SGB II bei der ARGE für Beschäftigung erhalten. Sie haben oft keinen oder nur einen geringen Schulabschluss und verfügen häufig über gar keine oder lediglich eine abgebrochene Berufsausbildung. Das Projekt startete im Jahr 2006 und wird unterstützt durch die ARGE in Augsburg, das Freiwilligen-Zentrum in Augsburg, das Bündnis für Augsburg und den Allgemeinen Sozialdienst der Stadt Augsburg.

Arbeitsschwerpunkt im Rahmen der Projektarbeit ist die persönliche Begleitung von Jugendlichen unter 25 Jahren durch ehrenamtliche Paten/Patinnen, die sogenannten „Jugendpaten". Diese Jugendpaten begleiten die Jugendlichen für einen Zeitraum von maximal 6 Monaten. Die Jugendpaten zeigen ihren „Patenkindern" Möglichkeiten und Wege auf, ihre momentane Lebenssituation zu verbessern und unterstützen sie bei der Bewältigung von Alltagsproblemen. Hiermit soll eine solide Basis geschaffen werden, um in einem nächsten Schritt die Ausbildungsbeziehungsweise Arbeitsplatzsuche gemeinsam anzugehen.

Konkret geht es in der Begleitung durch die Jugendpaten um

- Klärung der Ausgangssituation (finanzielle Lage des Jugendlichen, Schulabschluss, bisherige Bewerbungen bei Arbeitgebern, soziale Kontakte, familiäres Umfeld etc.);
- Klärung der persönlichen Ressourcen und Kompetenzen;
- Klärung der Ziele, die das betreffende „Patenkind" für sich selbst sieht;
- Unterstützung beim Erreichen dieser Ziele (z. B. Austausch über Möglichkeiten und Vorgehensweisen, Hilfe bei Behördengängen, Vermittlung an Fachberatungsstellen, Einholen von notwendigen Informationen etc.).

Im Rahmen dieses Projektes wird die Vermittlung von „Patenkindern" durch die ARGE für Beschäftigung in Augsburg organisiert. Die ARGE sucht aus ihrem Kundenkreis mögliche Fälle für das Patenprojekt aus und bietet die betreffenden Jugendlichen den Jugendpaten an. Die Jugendpaten werden von Seiten der ARGE über die Ausgangssituation des Jugendlichen informiert und nach einem ersten Treffen entscheiden sich Pat(inn)en und „Patenkinder", ob sie eine patenschaftliche Verbindung miteinander eingehen möchten.

Voraussetzung für den Einsatz als Jugendpate sind Lebenserfahrung und Berufserfahrung im Bereich Erziehung beziehungsweise Ausbildung, idealerweise auch Kontakte zu Firmen und Unternehmen sowie Interesse an zwischenmenschlichen Kontakten.

In einem Einführungskurs werden den interessierten Ehrenamtlichen Grundkenntnisse über die Problemlage in Augsburg, die Lebenslage von arbeitslosen Jugendlichen und ihren Familien sowie ihrer Rolle als Jugendpaten vermittelt.

Die Jugendpaten sind über das Freiwilligen-Zentrum in Augsburg versichert. Eine kontinuierliche Begleitung erfolgt ebenfalls über das Freiwilligen-Zentrum, das auch zu monatlichen Austauschtreffen für die Ehrenamtlichen einlädt.

Kontakt:
Freiwilligen-Zentrum Augsburg
Philippine-Welser-Str. 5a
86150 Augsburg
Internet: http://www.freiwilligen-zentrum-augsburg.de

- Projekt „Berufspatenschaften" des Caritasverbandes für den Landkreis Breisgau Hochschwarzwald e.V.

Das Pojekt richtet sich an sozial benachteiligte Jugendliche und junge Erwachsene bis 25 Jahre, an Schüler(innen) der Abschulklassen der Haupt- und Förderschulen und des Berufsvorbereitungsjahres sowie an Jugendliche und Erwachsene ohne Ausbildungs- beziehungsweise Arbeitsplatz.

Ehrenamtliche Pat(inn)en entwickeln gemeinsam mit den Jugendlichen eine Perspektive für einen möglichen Berufseinstieg. Sie unterstützen bei der Kontaktaufnahme mit Unternehmen, helfen beim Erstellen der Bewerbungsunterlagen, geben praktische Tipps für das Vorstellungsgespräch und stehen als verlässliche Gesprächspartner(innen) zur Verfügung.

Das Projekt startete im Jahr 2006 mit einer Projektlaufzeit von insgesamt drei Jahren und wird von der Aktion Mensch gefördert.

Ehrenamtliche mit Menschen- und Berufserfahrung können sich als Pat(inn)en im Rahmen der Projektarbeit betätigen. Sie sollen eine Brücke sein für Jugendliche mit weniger guten Ausgangsbedingungen. Der Ansatz ist bewusst pragmatisch gelegt und nicht therapeutisch. Die Pat(inn)en sollten Erfahrung bezüglich Bewerbungsstrategie- und -training aufweisen können und in der Lage sein, auf die individuelle Lebenssituation ihres jeweiligen „Patenkindes" einzugehen. So kann es zum Beispiel vorkommen, dass Jugendliche mit schlechten Deutschkenntnissen diese zunächst aufbessern müssen, um auf dem Ausbildungs- beziehungsweise Arbeitsmarkt eine Chance zu erhalten.

In diesem Fall müssen die Paten in der Lage sein, gemeinsam mit dem Jugendlichen das Problem zu erkennen und konstruktiv anzugehen.

Das Projekt wird fachlich unterstützt von zwei Sozialarbeitern, welche hauptamtlich die Tätigkeit der Ehrenamtlichen begleiten. Regelmäßig werden sogenannte „Patentreffs" organisiert, bei welchen sich die ehrenamtlichen Mitarbeiter(innen) mit den hauptamtlichen Sozialarbeitern und auch die Pat(inn)en untereinander austauschen können.

Zudem wird stetig der Kontakt mit Wirtschaftsunternehmen und Klein- und Mittelständischen Betrieben gesucht, die Ausbildungsplätze oder Berufspraktika anbieten.

Kontakt:
Caritasverband für den Landkreis Breisgau-Hochschwarzwald e.V.
Weihbischof-Gnädiger-Haus
Alois-Eckert-Str. 6
79111 Freiburg
Internet: http://www.caritas-breisgau-hochschwarzwald.de

Der wirtschaftliche Sektor und Patenschaften – Unternehmens- und Betriebspatenschaften

In diesen eben dargestellten Bereichen des Übergangs von der Schule in den Beruf und der Ausbildungsplatzsuche/Ausbildungsplatzsicherung sind in der jüngsten Vergangenheit vermehrt Initiativen verschiedenster Organisationen und Einrichtungen zu beobachten, die sich direkt an wirtschaftliche Unternehmen und Betriebe richten. Wirtschaftsunternehmen werden hier als Akteure im Rahmen der Bemühungen verstanden, die Ausbildungssituation beziehungsweise den Zugang zum ersten Arbeitsmarkt für benachteiligte Jugendliche zu verbessern. Eine Vielzahl an Unternehmen und klein- und mittelständischen Betrieben nimmt diese verantwortliche Rolle bereits an und sieht sich selbst in der Verantwortung, Veränderungen in gesellschaftspolitischen Bereichen mitzugestalten und Konzepte mitzutragen. Dies geschieht nicht allein durch finanzielle Förderung von nachhaltigen Projekten und Konzepten im Bereich der Ausbildungs- beziehungsweise Arbeitsplatzsuche für benachteiligte Jugendliche, sondern auch durch aktive Beteiligung an Projekten, wie zum Beispiel an den sogenannten „Unternehmens- oder Betriebspatenschaften".

Bei diesem Konzept werden Patenschaften zwischen Schulen und wirtschaftlichen Betrieben und Unternehmen vermittelt. Diese Art von Patenschaft ist von Projekt zu Projekt verschieden. Zumeist nehmen die Betriebe ihre Rolle als Paten der Gestalt wahr, dass ihre Mitarbeiter(innen) berufsorientierende Informationsveranstaltungen in den Partnerschulen durchführen, in Form von Einzelgesprächen, die die Jugendlichen auf das jeweilige Berufsbild des vertretenen Betriebes vorbereiten, Tipps für eine eventuelle Ausbildung oder spätere Einstellung weitergeben und über Praktika in den Betrieben selbst die Möglichkeit für einen tieferen Einblick in das jeweilige Berufsbild bieten.

Einige Unternehmen in Deutschland haben in der jüngeren Vergangenheit bewusst und aktiv Erfahrungen im Bereich der „Corporate Social Responsibility" gesammelt und sich für die Verbesserung der betrieblichen Ausbildungssituation engagiert.

Der Zusammenschluss des „Goinger Kreises" mit dem Projekt „Fit für die Bewerbung" ist ein anschauliches Beispiel für das gesellschaftliche Engagement von wirtschaftlichen Unternehmen. Im Goinger Kreis haben sich im Jahr 2004 Personalmanager aus rund 20 renommierten deutschen Unternehmen zusammengeschlossen, darunter z.B. die Deutsche Bahn, die Deutsche Bank, Infineon Technologies und TUI. Gemeinsam wollen sie Verantwortung in diesen gesellschaftspolitischen Fragen übernehmen und sich aktiv gegen die zunehmende Jugendarbeitslosigkeit einsetzen.

Vor diesem Hintergrund luden die Unternehmen im November 2005 vorwiegend Hauptschüler(innen) in ihre jeweiligen Konzernzentralen ein, wo den Schüler(inne)n während eines ganzen Tages verschiedene bewerbungsorientierte Module angeboten und mit ihnen durchgeführt wurden. Für die Durchführung dieser aufwendigen Informationsveranstaltung nahmen die Unternehmen vor Ort Kontakt zu Schulen, zu Arbeitsagenturen oder zur jeweiligen Landesschulbehörde auf.

Nicht nur die teilnehmenden Schüler(innen) profitierten von dieser Aktion, sondern nach eigenem Bekunden auch die Unternehmen selbst, nicht zuletzt, weil sie als Ausbilder den Kontakt zu Jugendlichen stärken wollen.

Der Goinger Kreis ist darum bemüht, weitere Unternehmen für das Projekt „Fit für die Bewerbung" zu gewinnen und die Aktionen möglichst flächendeckend in Deutschland zu etablieren. Auch Lehrer sollen als Multiplikatoren noch stärker in das Projekt eingebunden werden. Zudem sollen zukünftig nicht mehr vorrangig Hauptschulen angesprochen werden, sondern der Aktionskreis des Projektes soll sich auch auf Realschulen und Gymnasien ausweiten.

Ein weiterer Aspekt, der in Projekten und Initiativen im Bereich der Ausbildungsplatzförderung/Ausbildungsplatzsicherung derzeit Beachtung findet, ist die bewusste Einbeziehung von Betrieben und Unternehmen, die von Migrant(inn)en geführt werden.

Unternehmer mit Migrationshintergrund verfügen zum Teil über unzureichende Informationen über das duale Ausbildungssystem in Deutschland sowie über die Vorteile der Ausbildung im eigenen Betrieb. Zudem sind viele dieser Betriebe kaum in die jeweiligen regionalen Wirtschaftsstrukturen integriert, was dazu führt, dass Unternehmer mit Migrationshintergrund nicht informiert sind über die gesellschaftliche Relevanz des zunehmenden Mangels an Ausbildungsplätzen in Deutschland.

Dennoch wird diesen Betrieben ein wachsendes wirtschaftliches Potential zugesprochen, und es lohnt sich daher, sie gezielt zu kontaktieren, zu beraten und in Konzepte und Projekte bezüglich der Schaffung von Ausbildungsplätzen einzubeziehen.

Beispiele aus den Einrichtungen der Caritas:

- Projekt „MBA – Migrantenbetriebe bilden aus"
des Caritasverbandes Rheinisch-Bergischer Kreis e.V.

Vor dem Hintergrund der schwierigen Situation für Jugendliche mit Migrationshintergrund auf dem deutschen Lehrstellenmarkt und der schwindenden Ausbildungsbereitschaft einer Vielzahl deutscher Betriebe hat die Caritas RheinBerg im Jahr 2006 das Projekt „MBA – Migrantenbetriebe bilden aus" ins Leben gerufen.

Das Projekt wird als „Jobstarterprojekt" aus Mitteln des Bundesministeriums für Forschung und des Europäischen Sozialfonds gefördert und hatte eine Laufzeit bis Dezember 2007. Ziel des Projektes ist es, die Betriebe, die keine Ausbildungserfahrung im eigenen Unternehmen haben und nicht selbstständig ausbilden können, mit gezielten Maßnahmen über das duale Ausbildungssystem zu informieren und sie während der Ausbildungszeit beratend zu begleiten.

Für die Organisation und Durchführung der Maßnahmen wurde ein Projektteam eingerichtet, welches eng mit den verschiedenen Kooperationspartnern zusammenarbeitet und sich vorrangig folgenden Aufgaben widmet:

➢ Kontaktaufnahme mit Migrantenbetrieben.
➢ Spezifische Ansprache und Information zur betrieblichen Ausbildung.
➢ Kontaktherstellung zwischen Betrieben und Kammern.
➢ Initiierung und Koordination von Ausbildungsmöglichkeiten.
➢ Passgenaue Vermittlung und Begleitung der Ausbildung.
➢ Entlastung der Unternehmen durch unterschiedliche Dienstleistungen, die im Zusammenhang mit der betrieblichen Ausbildung anfallen (z. B. administrative Aufgaben etc.).

Für die oft kleineren Betriebe aus Gastronomie, Dienstleistungen und Handel ist es nicht immer möglich, Ausbildungsplätze einzurichten und betriebliche Ausbildungen selbstständig durchzuführen. In einigen kleineren Familienbetrieben können oft nicht alle für das Ausbildungsprofil erforderlichen Arbeitsfelder angeboten werden. Das Projekt vermittelt in diesem Fall auch Partnerbetriebe, damit gegebenenfalls im Verbund ausgebildet werden kann.

Im Rahmen der Projektarbeit ist die Netzwerkarbeit von zentraler Bedeutung, da es gilt, Unternehmen und Betriebe von den Projektinhalten und Projektzielen zu überzeugen und sie als potentielle Ausbildungsbetriebe zu gewinnen. Daher werden seitens des Projektteams in regelmäßigen Abständen kostenlose Fortbildungen für Unternehmer(innen) angeboten, bei welchen diese Informationen erhalten zur Anwendung des Berufsbildungsgesetzes, dem Berufsbildungsvertrag, zu den Anforderungen zur Anerkennung als Ausbildungsbetrieb sowie zum Jugendarbeitsschutzgesetz.

Kontakt:
Caritasverband Rheinisch-Bergischer Kreis e.V.
Lerbacher Weg 4
51469 Bergisch Gladbach
Internet: http://www.caritas.erzbistum-koeln.de/rheinberg_cv/

e) Patenschaftsmodelle für Kinder und Jugendliche mit Migrationshintergrund in unterschiedlichen Lebenssituationen

Neben den geschilderten Patenschaftsmodellen in den Bereichen Bildung und Ausbildung sowie Förderung von Kleinkindern gibt es eine Reihe weiterer Projekte und Initiativen, die das Ziel verfolgen, benachteiligte Kinder und Jugendliche mit Migrationshintergrund in unterschiedlichen Lebenssituationen zu unterstützen.

Neben den klassischen „Bildungs-" und „Ausbildungspatenschaften" sehen andere Projekte eine effektive Wirkung eher in unterstützenden und beratenden Maßnahmen außerhalb des Schulalltags, um mittels aktiver Freizeitgestaltung oder dem gezielten Ausleben von Hobbys Begabungen und Talente der „Patenkinder" zu fördern, was sich wiederum positiv auf die Bewältigung des Schulalltags und insgesamt auf die erfolgreiche Integration von Kindern und Jugendlichen mit Migrationshintergrund auswirken soll.

Durch das Aufbauen einer intensiven Vertrauensbeziehung zwischen Pat(inn)en und Patenkindern können soziale Handlungsrepertoire gefördert, Kontakte über das soziale und ethnische Milieu heraus erweitert und soziale Kompetenzen informell erlernt werden.

Bei anderen Patenschaftsinitiativen steht hingegen neben dem Bildungs-, Ausbildungs- oder Freizeitbereich die Unterstützung von Kindern und Jugendlichen, die sich in erschwerten Lebenssituationen befinden, im Vordergrund.

An einigen konkreten Beispielen aus örtlichen Einrichtungen der Caritas soll dieses breite Spektrum an Patenschaftsprojekten skizziert werden.

Patenschaftsprojekte für unbegleitete minderjährige Flüchtlinge

Jugendliche, die ohne die Begleitung von erwachsenen Bezugspersonen aus ihren Herkunftsländern fliehen und nach Deutschland kommen befinden sich zumeist in einer verheerenden Situation: Die meisten von ihnen besitzen keine Kenntnisse der deutschen Sprache, verfügen über kein Netzwerk an Familienmitgliedern oder Bekannten, sind gesellschaftlich isoliert und tun sich häufig sehr schwer, sich in die Strukturen der Aufnahmegesellschaft zu integrieren beziehungsweise wird ihnen diese Integration aufgrund ihres Aufenthaltsstatus sehr erschwert.

Bei Patenschaftsprojekten in diesem Bereich kommt dem ursprünglichen Prinzip der Patenschaften, nämlich „den Betroffenen einen Paten zur Seite zu stellen", eine gesonderte Bedeutung zu. Jugendliche unbegleitete minderjährige Flüchtlinge sind in der Regel eine Zielgruppe, die einer Begleitung, einer Vertrauens- und Bezugsperson in weitaus höherem Maße bedarf, als andere Zielgruppen benachteiligter Jugendlicher. Durch ihre isolierte Lebenssituation in Deutschland benötigen sie häufig Unterstützung in vielen unterschiedlichen Alltagssituationen und eine Patenschaft ist oftmals nicht begrenzt auf Hilfe beim Spracherwerb oder Orientierungshilfe im schulischen beziehungsweise beruflichen Bereich.

Dementsprechend komplex können die Anforderungen an die jeweiligen Pat(inn)en sein, da die jugendlichen Flüchtlinge häufig mit extremen psychischen und physischen Traumata belastet sind und sich oft schwer tun, sich im Rahmen zwischenmenschlicher Beziehungen zu öffnen.

Projektbeispiele aus den Einrichtungen der Caritas:

- Projekt „nesola" des Caritas Zentrums München Ost/Land

Das Projekt ist eine Initiative des Fachdienstes Asyl im Caritas Zentrum Ost/Land und hat die Verbesserung der psychischen und sozialen Lebenssituation von unbegleiteten minderjährigen Flüchtlingen zum Ziel.

Der Begriff „nesola" entstammt der internationalen Plansprache Esperanto und bedeutet übersetzt „nicht allein". Gemäß dem Titel des Projektes werden jungen Flüchtlingen im Rahmen der Projektarbeit ehrenamtliche Bezugspersonen an die Seite gestellt, um sie bei der Bewältigung alltäglicher und zwischenmenschlicher Probleme in Deutschland zu unterstützen. In ihren Pat(inn)en sollen die jugendlichen Flüchtlinge Begleiter(innen) finden, die ihr Selbstvertrauen stärken, sie durch eine enge Vertrauensbeziehung motivieren und ihnen Wege und Möglichkeiten zur Integration in die noch fremde Aufnahmegesellschaft aufzeigen.

Die Pat(inn)en im Projekt „nesola" übernehmen unterschiedlichste Aufgaben, um ihrem jeweiligen „Patenkind" beratend und unterstützend zur Seite zu stehen. Je nach den individuellen Bedürfnissen unterstützen sie die Jugendlichen im Erlernen der deutschen Sprache, helfen bei der Organisation von Freizeitaktivitäten oder erübrigen einfach regelmäßig Zeit für Gespräche und Austausch.

Den Jugendlichen wird zwar ein rechtlicher Vormund zur Verfügung gestellt, der sie in rechtlichen Angelegenheiten bis zum 18. Lebensjahr vertritt. Dieser kann jedoch kaum persönlich auf die individuellen Lebensumstände der Jugendlichen eingehen. Die Pat(inn)en wirken daher zum Ausgleich mitunter als Bezugspersonen im schulischen Umfeld, indem sie beispielsweise bei Elternabenden teilnehmen oder die Jugendlichen bei Behördengängen begleiten und Unterstützung bei administrativen Tätigkeiten anbieten.

Die Patenschaft zur Begleitung eines minderjährigen Flüchtlings ist in vielen Bereichen komplexer als eine Patenschaft für andere Zielgruppen. Viele der jugendlichen Flüchtlinge sind traumatisiert, sie leben allein in Deutschland ohne ihre Familien und Freunde und sind häufig sehr verschlossen anderen Menschen gegenüber.

Um diese oft schwierige Aufgabe einer Patenschaft für einen minderjährigen Flüchtling bewältigen zu können, werden die Pat(inn)en von Seiten der Projektverantwortlichen intensiv betreut und begleitet. In Form von vier Informationsveranstaltungen werden sie konkret auf diese facettenreiche Aufgabe vorbereitet und geschult. So erhalten sie beispielsweise Informationen zum Ausländer- und Asylrecht, zur Aufsichtspflicht und zu Haftungsfragen, zum Umgang mit Traumata und zur Entwicklung von Zukunftsperspektiven (Schule, Ausbildung etc.). Regelmäßig werden Treffen aller Pat(inn)en organisiert, bei welchen ein reger Austausch stattfindet und auftretende Probleme innerhalb der Patenschaftsbeziehungen gemeinsam gelöst werden können.

Die Projektmitarbeiter(innen) sind zugleich Mitarbeiter(innen) des Fachdienstes Asyl der Caritas München und betreiben das Projekt aus eigenem Engagement. Bisher gibt es daher keine Fördermittel, sondern Seminare und Veranstaltungen für Ehrenamtliche werden von kleineren Spenden und Zuwendungen getragen. Ein Projektantrag zur Erlangung von Fördermitteln ist derzeit in Planung.

Kontakt:
Caritas Zentrum München Ost/Land
Rosenheimer Str. 242
81669 München
Internet: http://www.caritas-muenchenost-land.de/Page00558.htm

- Projekt „Shakespeare" – berufliche Vorbereitung für junge Flüchtlinge mit den Methoden der Theaterarbeit

Bei diesem Projekt handelt es sich um eine innovative Initiative des IN VIA-Verbandes Köln. Das Projekt startete im Januar 2006 und wird für eine Dauer von zwei Jahren aus Mitteln des Europäischen Sozialfonds gefördert.

Das Projekt wendet sich an junge Flüchtlinge zwischen 16 und 25 Jahren, die keinen gesicherten Aufenthaltsstatus besitzen. Da sie nach Vollendung ihrer Schulpflicht weitgehend von der beruflichen Bildung und dem Arbeitsmarkt ausgeschlossen sind, bietet das Projekt ihnen eine berufliche Grundbildung, die sie sowohl in Deutschland als auch im Herkunftsland nutzen können.

Die Qualifizierungen, die in dem Projektvorhaben erlangt werden können, sind untergliedert in drei Module. Zwei der Module konzentrieren sich auf die berufliche Grundbildung durch Fachpraktika sowie den Abbau von schulischen Defiziten durch theoretischen Unterricht.

Das besondere an dem Projekt ist das dritte Modul, der Aspekt der Theaterarbeit. Neben Praktika, fachpraktischen Modulen und schulischer Qualifikation werden im Rahmen der Projektarbeit vor allem theaterpädagogische Elemente genutzt, um Sprachbarrieren abzubauen und Sprachkenntnisse zu verbessern. Auf diese Weise lernen die Teilnehmer(innen) nicht nur auf spielende Weise Deutsch, sondern auch andere Fähigkeiten, wie zum Beispiel Teamarbeit, Konzentration, Improvisation und Selbstpräsentation werden vermittelt.

Die Theaterarbeit nutzt sowohl nonverbale als auch verbale Ausdrucksmöglichkeiten, so dass alle Teilnehmer(innen) von Beginn an in die Projektarbeit eingebunden sind.

Jungen Flüchtlingen eine verantwortungsvolle Rolle zu übertragen, ist der innovative Wert dieses Projektes. Nicht auf sich allein gestellt zu sein, sondern als Mitglied einer Gruppe Verantwortung wahrzunehmen, in einem Ensemble unentbehrlich zu sein, als junger Mensch gefördert und nicht wie ein Erwachsener gefordert zu werden, dies sind Elemente, die durch die Projektarbeit vermittelt werden sollen und die für die meisten Teilnehmer(innen) eine völlig neue Erfahrung sind.

Der Einstieg beim Projekt „Shakespeare" ist für die jungen Flüchtlinge jederzeit möglich. Die Teilnahmedauer beträgt maximal 12 Monate. Die Teilnehmer(innen) absolvieren mehrere Fachpraktika in ausgesuchten Berufsfeldern und besuchen einmal wöchentlich eine fachbezogene Berufsschule. Hinzu kommen theoretischer Unterricht und die Theaterarbeit.

Eine Bildungsbegleiterin, eine Theater- und Sozialpädagogin, ein Theaterregisseur und ehrenamtliche Mitarbeiter(innen) begleiten kontinuierlich die Maßnahmen. Zusätzlich erfolgt individuell und bedarfsgerecht die Unterstützung von Fachlehrer(inne)n.

Kontakt:
IN VIA Köln
Spielmannsgasse 14
50678 Köln
Internet: http://caritas.erzbistum-koeln.de/koeln_invia/

Familienpatenschaften

Was die Gründung einer Familie beziehungsweise die Elternschaft an Herausforderungen mit sich bringt, wird vielen Menschen erst dann richtig bewusst, wenn sie bereits eine Familie gegründet haben und der Nachwuchs da ist.

Viele Eltern erleben ihre Elternschaft und vor allem die Verantwortung, die diese mit sich bringt, als Überforderung. Forderungen verschiedenster Art, beispielsweise von den Kindern selbst, vom Partner, von Familienangehörigen, von Institutionen etc. stürmen auf die Eltern ein. Zusätzliche Herausforderungen, wie zum Beispiel die Finanzierung des Familienlebens, eine angemessene Förderung der Kinder, berufliche Perspektiven und privater Ausgleich können Eltern überfordern. Bei ständiger Anspannung oder gar einem ständigen Gefühl der Überforderung drohen irgendwann gesundheitliche, soziale oder auch erzieherische Probleme.

An diesem Punkt setzen Familienpatenschaften an. Ehrenamtliche Pat(inn)en übernehmen die Patenschaft für eine Familie und unterstützen diese bei sämtlichen Herausforderungen, die ein Alltag mit Kindern bietet. In einigen Fällen unterstützen die Pat(inn)en die Eltern bei pädagogischen Fragen und begleiten sie in Situationen, in welchen sie Schwierigkeiten haben, ihre Kinder angemessen anzuleiten. In anderen Projekten verbringen die Pat(inn)en eher Zeit mit den Kindern, um die Eltern zu entlasten und ihnen die Möglichkeit zu verschaffen, mehr Zeit mit dem Partner oder Freunden zu verbringen. In anderen Fällen wiederum verbringen die Pat(inn)en regelmäßig Zeit mit der ganzen Familie und unterstützen sie bei der Freizeit- und Alltagsgestaltung.

Diese Form von Patenschaftskonzept soll letztendlich der ganzen Familie zugute kommen: Den Eltern, da sie durch den Einsatz ehrenamtlicher Pat(inn)en entlastet werden, und den Kindern, da diese auf der einen Seite von der Zeit und der ihnen gewidmeten Aufmerksamkeit durch die Pat(inn)en und nicht zuletzt auch durch entspanntere Eltern profitieren.

Beispiele aus den Einrichtungen der Caritas:

- Projekt „Familienpatenschaften" des Aachener Bündnisses für Familie

„Familie neu möglich machen" – unter diesem Motto begann im März 2007 das Projekt „Familienpatenschaften", eine gemeinsame Initiative des SkF Aachen (Sozialdienst katholischer Frauen) und SKM Aachen (Katholischer Verband für soziale Dienste in Deutschland e.V.) im Aachener Bündnis für Familie.

Im Rahmen des Projektes gehen Familienpaten in einer von ihnen selbst gewählten Zeit für einige Stunden in eine Familie, um dort als Partner für Kinder und Eltern da zu sein. Sie leisten durch ihren ehrenamtlichen Einsatz einen kleinen, aber sehr wichtigen Beitrag, Familien in ihrem Alltag zu entlasten. Sie schenken den Kindern ungeteilte Aufmerksamkeit und Wertschätzung sowie neue Chancen für Spiel, Erlebnisse und Entwicklung. Und den erziehenden Müttern und Vätern schenken sie eine kleine Auszeit, Raum für andere Aktivitäten sowie ihre Erfahrung.

Beim Zustandekommen eines solchen Patenverhältnisses gelten folgende Regeln:

➢ Die Familien können sich darauf verlassen, dass sie erfahrene, einfühlsame und engagierte Paten kennen lernen, die ihnen auf gleicher Augenhöhe begegnen.

➢ Die Paten können sich darauf verlassen, dass sie sich auf eine Weise in Familien engagieren können, die zu ihren Erfahrungen, Fähigkeiten und Erwartungen passt.

Damit ein gutes Patenschaftsverhältnis zustande kommen kann, sind ein gutes Kennenlernen zu Beginn und verbindliche Vereinbarungen für alle Seiten erforderlich. Eine Projektmitarbeiterin begleitet die ehrenamtlichen Familienpaten während ihrer Tätigkeit und steht ihnen beratend zur Seite.

Das Projekt Familienpatenschaften des SKM (Katholischer Verband für soziale Dienste in Deutschland) und SkF (Sozialdienst Katholischer Frauen) Aachen ist von seinem Zuschnitt landesweit einmalig. In anderen Bundesländern gibt es ähnliche Modellvorhaben. Das Projekt Familienpatenschaften ist auf die Laufzeit von mindestens fünf Jahren angelegt. Das sichert allen Beteiligten die nötige Kontinuität und Verlässlichkeit.

Das Projekt Familienpatenschaften ist das erste Vorhaben im lokalen Bündnis für Familie. Es wird in enger Kooperation mit der Stadt Aachen durchgeführt.

Kontakt:
SKM Aachen
Heinrichsallee 56
52070 Aachen

SkF Aachen
Wilhelmstraße 22
52070 Aachen
Internet: http://www.kirche-im-bistum-aachen.de/familienpatenschaften.de
http://www.familienpatenschaften-aachen.de

Integrationslotsen/Migrant(inn)en als Kulturmittler

Ziel von sogenannten Integrationslotsenprojekten ist es im Allgemeinen, die gesellschaftliche Integration von Menschen mit Migrationshintergrund zu fördern. Integrationslotsen übernehmen hierbei zumeist, je nach genauer Zielvorgabe des Projektes, eine Vermittlungsfunktion zwischen den Migrant(inn)en und den jeweils relevanten Institutionen und Einrichtungen, wie zum Beispiel Behörden, Schulen, Vereinen etc.

Ähnlich wie bei den Patenschaftsprojekten sind auch die Integrationslotsen meist ehrenamtliche Mitarbeiter(innen), die diese Funktion der Integrationslotsen im Rahmen der Projektarbeit übernehmen.

Integrationslotsenprojekte sind häufig als Initiativen aus dem gemeinwesenorientierten Sozialraum heraus zu beobachten. Migrant(inn)en soll mittels Unterstützung durch die Integrationslotsen die Integration in ihren jeweiligen Gemeinden und Stadtteilen erleichtert werden. Die Integrationslotsen stehen den Migrant(inn)en und ihren Familien bei alltäglichen Herausforderungen zur Seite. Sie stehen als Ansprechpartner zur Verfügung und informieren beispielsweise über die kommunalen Institutionen, Verbände, Vereine, Fachberatungsstellen, kulturelle Angebote oder klären die jeweilige Zielgruppe auf über die gesetzlichen Integrationsmöglichkeiten und -verpflichtungen und motivieren zum Erwerb der deutschen Sprache.

Immer öfter ist zu beobachten, dass bewusst Migrantinnen und Migranten als Integrationslotsen beziehungsweise als Pat(inn)en für entsprechende Projektvorhaben gewonnen beziehungsweise geworben werden. Integrationslotsen und Pat(inn)en mit Migrationshintergrund sollen gezielt Migranten und Migrantinnen mit demselben sprachlichen und kulturellen Hintergrund begleiten, da keine Sprachbarrieren bestehen und häufig ein schnellerer Aufbau einer Vertrauensbeziehung zu beobachten ist.

Beispiele aus den Einrichtungen der Caritas:
- Migranten als „Kulturlotsen" (Mediatoren) in Schulen und Kindergärten

Dieses Projekt wurde von Seiten des Caritasverbandes für die Stadt Straubing und den Landkreis Straubing-Bogen für den Zeitraum von 3 Jahren initiiert.

Um gegenseitige Missverständnisse und kulturell bedingte Konflikte angemessen lösen zu können und um gegenseitiges Interesse am jeweils anderen zu wecken, ist es notwendig, Eltern ausländischer Kinder und Jugendlicher intensiver in die Arbeit der schulvorbereitenden Einrichtungen und der Schulen selbst einzubeziehen. Nicht die Mehrheitsgesellschaft alleine übernimmt Verantwortung im Rahmen des Integrationsprozesses, sondern Migrant(inn)en selbst leisten im Rahmen der Projektarbeit hierfür einen wertvollen Beitrag. Migrant(inn)en werden zu Kulturlotsen qualifiziert und dementsprechend als Vermittler bei Konfliktsituationen, als Dolmetscher im Falle sprachlicher Hürden und bezüglich der Weitergabe von Informationen eingesetzt.

Durch die konzipierten Qualifizierungsmaßnahmen für Migrant(inn)en zu Kulturlotsen sollen bestehende Integrationshemmnisse zwischen Einheimischen und Zuwanderern nachhaltig abgebaut werden. Die Migrant(inn)en übernehmen als Kulturlotsen Verantwortung und schaffen ein zusätzliches interkulturelles Angebot für die pädagogische Praxis in Kindergarten- und Schulalltag, welches auch von Einrichtungen der öffentlichen Jugendhilfe (Schulsozialarbeit, Erziehungshilfe etc.) wahrgenommen werden kann.

Kontakt:
Caritasverband für die Stadt Straubing und den
Landkreis Straubing-Bogen e.V.
Obere Bachstraße 12
94315 Straubing
Internet: http://www.caritas-straubing.de

4 Fazit und Ausblick

Die intensive Anschauung und Analyse einer Vielzahl von Patenschaftsprojekten der verbandlichen Caritas für Kinder und Jugendliche mit Migrationshintergrund zeigt eindrücklich, dass diese Form des bürgerschaftlichen Engagements eine sinnvolle und notwendige Unterstützung hauptamtlicher Arbeit bei der Befähigung benachteiligter junger Menschen sein kann. Das Konzept der Patenschaft als Form des Zusammenspiels von hauptamtlicher und ehrenamtlicher Tätigkeit zeigt Möglichkeiten auf, um Barrieren für Integration zu überwinden und benachteiligte Menschen zur Teilhabe an der Gesellschaft zu befähigen. Patenschaftsprojekte können für Menschen in erschwerten Lebenssituationen besonders nachhaltige, individuell abgestimmte und auf persönlichen Vertrauensbeziehungen beruhende Wege zur Integration, zur aktiven Mitgestaltung ihrer Lebenswelt sein.

Es ist daher wahrscheinlich, dass Patenschaftsmodelle verschiedenster Art zukünftig stetig an Bedeutung gewinnen werden. Auf bundespolitischer Ebene wird die Förderung des bürgerschaftlichen Engagements bereits nachdrücklich angestrebt, was sich nicht zuletzt in entsprechenden Selbstverpflichtungen des Nationalen Integrationsplans sowie in den Bestrebungen, ein bundesweites Netzwerk für Bildungs- und Ausbildungspaten zu implementieren, ausdrückt.

Auch auf der Ebene von Ländern und Kommunen wird das ehrenamtliche Engagement mehr und mehr als zentraler Schlüssel zur Durchführung von Integrationsmaßnahmen für Migrant(inn)en verstanden. Dies zeigt sich unter anderem daran, dass in Ländern und Kommunen zunehmend Fördergemeinschaften initiiert beziehungsweise ausgeweitet werden, die wiederum Projekte und Initiativen mit einem Schwerpunkt auf bürgerschaftlichem Engagement unterstützen. Vor diesem Hintergrund werden in vielen Bundesländern und Kommunen gezielt Patenschaftsprojekte als ein Modell bürgerschaftlichen Engagements gefördert und in ihrer Durchführung unterstützt.

Der Deutsche Caritasverband versteht Patenschaftsprojekte als eine Möglichkeit der individuellen Begleitung und Unterstützung für Kinder und Jugendliche mit Migrationshintergrund unter Einbeziehung ehrenamtlichen/bürgerschaftlichen Engagements. Auch vor dem Hintergrund seiner innerverbandlichen Befähigungsinitiative für benachteiligte Kinder und Jugendliche ist der Deutsche Caritasverband bemüht, die Initiierung sowie die erfolgreiche Durchführung von Patenschaftsprojekten in seinen verbandlichen Gliederungen zu unterstützen.

Der Erfolg von Patenschaftsprojekten sowohl in Bezug auf Finanzierung und Organisation als auch in Hinblick auf die konkrete Ausgestaltung der Patenschaft oder etwa die Qualifizierung ehrenamtlich Tätiger hängt entscheidend davon ab, auf welche Erfahrungen die Beteiligten zurückgreifen können. Eine Vernetzung von Patenschaftsprojekten ist daher begrüßens- und unterstützenswert und leistet einen wichtigen Beitrag für eine effektive Durchführung sowie für eine nachhaltige Wirksamkeit von Patenschaftsprojekten. Ein intensiver Erfahrungsaustausch kann helfen, bestimmten Schwierigkeiten schon im Vorfeld zu begegnen oder geeignete finanzielle Mittel für alle Projektbereiche zu veranschlagen. Dies ermöglicht es etwa, schon in der Planung auf ein ausgewogenes Verhältnis von hauptamtlicher und ehrenamtlicher Tätigkeit zu achten und trotz der durch den Einsatz von Ehrenamtlichen finanziell vermeintlich günstigen Projektstruktur die nachhaltige Finanzierung des Projekts im Auge zu behalten, beispielsweise im Hinblick auf Qualifizierung und Weiterbildung der Patinnen und Paten.

Auch kann durch einen Zusammenschluss ähnlicher Patenschaftsprojekte sowohl das Erreichen der jeweiligen Zielgruppe befördert wie auch der Wirkungsgrad der Projekte ausgeweitet werden.

Der DCV ist daher darum bemüht, den Erfahrungsaustausch zwischen unterschiedlichen Patenschaftsprojekten seiner Dienste und Einrichtungen zu fördern. Auf diese Weise können Schwierigkeiten bei der Konzeptionierung und Durchführung verhindert und problemorientierte Lösungsstrategien vermittelt werden.

Der Austausch von Erfahrungen und die Kommunikation von Grenzen und Möglichkeiten ist auch tragender Bestandteil des sich gegenseitig ergänzenden Zusammenwirkens der hauptamtlichen und der ehrenamtlichen Tätigkeit im Rahmen von Patenschaftsprojekten, ein Wesensmerkmal der Einrichtungen und Dienste der verbandlichen Caritas. Die Verbindung von ehrenamtlichen und hauptamtlichen Engagement schafft hierbei Synergieeffekte, die sich letztendlich positiv auf die Kreativität und die Motivation aller Beteiligten auswirken.

Von den verschiedenen hier genannten Kommunikationsstrukturen, die es zu fördern und zu unterstützen gilt, können Patenschaften als persönliche Vertrauensbeziehungen und ganz individuelle Wege zur Integration nur profitieren. Die Begleitung von benachteiligten Kindern und Jugendlichen durch ehrenamtliche Patinnen und Paten wird dabei der Verantwortung der so genannten „Aufnahmegesellschaft" gerecht, ihren Beitrag zur Integration von Zuwanderern und Menschen mit Migrationshintergrund zu leisten.

ANHANG

1 Finanzierungsmöglichkeiten von Patenschaftsprojekten

Für die effiziente Durchführung und Begleitung von Patenschaftsprojekten sind Arbeits- und Zeitressourcen von hauptamtlichen Mitarbeiter(inne)n einzuplanen. Die benötigten Arbeitszeitkapazitäten der Hauptamtlichen müssen entweder durch den Projektträger selbst oder durch zusätzliche Fördermittel getragen werden. In der Folge werden öffentliche Förder- beziehungsweise Zuschussmöglichkeiten für Patenschaftsprojekte vorgestellt. Bei den meisten hier genannten Stiftungen und Organisationen sollten Projektvorhaben im Voraus mit einer verantwortlichen Kontaktperson abgesprochen werden, um aussichtslose Antragsvorgänge von vorneherein zu vermeiden.

- Deutsche Behindertenhilfe – Aktion Mensch e.V.

Ziel der Förderung von Maßnahmen und Einrichtungen der Kinder- und Jugendhilfe ist die nachhaltige Verbesserung der Lebensbedingungen von Kindern und Jugendlichen mit und ohne Behinderung in deren unmittelbarem Gemeinwesenbezug sowie die Unterstützung ihrer Entwicklung zu eigenverantwortlichen und gemeinschaftsfähigen Persönlichkeiten. Die Förderung konzentriert sich auf Projekte mit Impulsen, die für die lokale Ebene von Nutzen sind. Entscheidungen der Aktion Mensch über eine Förderung von Vorhaben orientieren sich u.a. an den regionalen Bedarfslagen und werden unter qualitativen Gesichtspunkten gefällt.

Zuschüsse bis zu 70 % für Projekte bis zu 36 Monaten Dauer können bewilligt werden für Honorarkosten sowie für projektbezogene Personal- und Sachkosten. Die Zuschussobergrenze beträgt 250.000 Euro.

Kontakt:
Internet: http://www.aktion-mensch.de

- Aktion Mensch – Die Gesellschafter

Zum Gesellschafter-Projekt hat die Aktion Mensch im April 2006 ein eigenes Förderprogramm eingerichtet. Ausgehend von der Frage „In was für einer Gesellschaft wollen wir leben?" sollen darüber konkrete soziale Projekte vor Ort ermöglicht werden.

Im Rahmen des Förderprogramms können Projekte von freien gemeinnützigen Organisationen bezuschusst werden, die zu mehr Gerechtigkeit in der Gesellschaft beitragen und in denen sich Menschen auf freiwilliger Basis für Andere engagieren. Förderanträge können direkt auf der Website online gestellt werden.

Die Förderhöchstgrenze für ein Projekt beträgt 4.000 Euro, der maximale Förderzeitraum ein Jahr. Es werden ausschließlich Zuschüsse für Honorar- und Sachkosten gewährt, die unmittelbar und zusätzlich durch das beschriebene Projekt entstehen.

Kontakt:
Internet: http://www.diegesellschafter.de

- ARD Fernsehlotterie/Deutsches Hilfswerk

Gefördert werden Maßnahmen und Einrichtungen für Personen, die aufgrund ihrer speziellen gesundheitlichen und sozialen Situation der Hilfe bedürfen. Dazu gehören auch die Fort- und Weiterbildung von Mitarbeitern, die unmittelbar für Einrichtungen/Maßnahmen aus dem zu fördernden Kreis der Kinder-, Jugend-, Alten- und Gesundheitshilfe tätig sind.

Soziale Maßnahmen (Projekte) werden in Form einer Starthilfe (bis zu 3 Jahre) mit einer Summe von maximal 100.000 Euro gefördert.

Die Anträge auf Fördermittel sind direkt an die Stiftung Deutsches Hilfswerk zu richten. Soweit es sich bei den Antragstellern um Träger von Einrichtungen handelt, die zu den Spitzenverbänden der Freien Wohlfahrtspflege gehören oder ihnen angeschlossen sind, sind die Anträge ausschließlich bei den betreffenden Spitzenverbänden einzureichen und von diesen mit ihrer Stellungnahme der Stiftung Deutsches Hilfswerk vorzulegen.

Kontakt:
Stiftung Deutsches Hilfswerk
Lindenallee 13-17
50968 Köln
Internet: http://www.ard-fernsehlotterie.de

- Lotterie Glücksspirale

Neben einer Vielzahl weiterer Bereiche fördert die Lotterie Glücksspirale unter anderem auch Projektvorhaben im Bereich der außerschulischen Jugendarbeit sowie im Bereich der Aktivierung ehrenamtlicher Mitarbeit.

Gefördert werden Vorhaben der Bundesarbeitsgemeinschaft der Freien Wohlfahrtspflege e.V., der in ihr zusammen arbeitenden Bundesspitzenverbände sowie der ihnen angeschlossenen Träger frei gemeinnütziger Einrichtungen und Dienste.

Kontakt:
In den Diözesan-Caritasverbänden beziehungsweise örtlichen Einrichtungen der freien Wohlfahrtsverbände sind verantwortliche Mitarbeiter(innen) für die Antragstellung als Kontaktpersonen zuständig.

Für grundlegende Informationen bezüglich der allgemeinen Förderbedingungen und Antragsformalitäten kann folgende Internetadresse konsultiert werden:
http://www.gluecksspirale.de/static/html/gutetaten.html

- Europäischer Sozialfonds

Der Europäische Sozialfonds (ESF) ist einer der Strukturfonds der EU, die eingerichtet wurden, die Unterschiede bei Wohlstand und Lebensstandard in den Mitgliedstaaten und Regionen der EU abzubauen und dadurch den wirtschaftlichen und sozialen Zusammenhalt zu fördern.

Der ESF dient der Förderung der Beschäftigung in der EU. Er steht den Mitgliedstaaten zur Seite, wenn es darum geht, Europas Arbeitskräfte und Unternehmen für die neuen und globalen Herausforderungen zu rüsten.

Strategie und Budget des ESF werden zwischen den EU-Mitgliedstaaten, dem Europäischen Parlament und der Kommission verhandelt und beschlossen. Auf dieser Grundlage werden von den Mitgliedstaaten gemeinsam mit der Europäischen Kommission für einen siebenjährigen Zeitraum operationelle Programme geplant.

Diese operationellen Programme werden dann mit Hilfe eines breiten Spektrums an Organisationen aus dem öffentlichen und privaten Bereich durchgeführt. Zu diesen Organisationen gehören nationale, regionale und lokale Behörden, Einrichtungen für allgemeine und berufliche Bildung, Nichtregierungsorganisationen (NRO) und der gemeinnützige Sektor sowie Sozialpartner, wie etwa Gewerkschaften und Betriebsräte, Industrie- und Berufsverbände sowie auch einzelne Unternehmen.

ESF-Mittel werden durch die Mitgliedstaaten und Regionen zur Verfügung gestellt. Die ESF-Projektfinanzierung erfolgt daher nicht direkt in Brüssel.

Für den Programmplanungszeitraum 2007–2013 verständigen sich Mitgliedstaaten oder Regionen mit der Europäischen Kommission über die Vergabe von ESF-Fördermitteln im Rahmen eines operationellen Programms, in dem die Schwerpunkte und Ziele der ESF-Interventionen formuliert werden. Die Beteiligung an der Durchführung von ESF-Projekten steht zahlreichen Teilnehmern aus unterschiedlichen Bereichen offen: öffentlichen Verwaltungen, Nichtregierungsorganisationen und Sozialpartnern, die im Bereich Beschäftigung und soziale Eingliederung aktiv sind, Unternehmen sowie anderen Interessenvertretern.

Potenzielle Teilnehmer an ESF-Projekten sollten mit der ESF-Verwaltungsbehörde in ihrem eigenen Mitgliedsland Kontakt aufnehmen.

Kontakt:
Internet:http://www.bmas.bund.de/BMAS/Navigation/Europa-International/Europa/europaeischer-sozialfonds.html

- Stiftung Deutsche Jugendmarke e.V.

Die Stiftung Deutsche Jugendmarke e.V. unterstützt ausschließlich Vorhaben aus dem Bereich der Jugendhilfe, denen überregionale/bundeszentrale beziehungsweise modellhafte/innovative Bedeutung zukommt. Bereits begonnene Projekte sowie laufende Aufgaben eines Trägers können nicht gefördert werden. Zuschüsse aus dem Zuschlagerlös der Jugendmarken können grundsätzlich nur anerkannten freien Trägern der Jugendhilfe gewährt werden. Den Trägern wird dringend empfohlen, sich vor einer Antragstellung von der zuständigen obersten Landesjugendbehörde oder ggf. dem zuständigen Landesjugendamt fachlich beraten zu lassen. Dieses sowohl im Blick auf die Erfüllung der Förderkriterien der Stiftung als auch hinsichtlich einer finanziellen Landesbeteiligung an dem geplanten Projekt. Auch sollte überdies der zuständige Spitzenverband konsultiert werden.

Kontakt:
Stiftung Deutsche Jugendmarke e.V.
Maximilianstraße 28d
53111 Bonn
Internet: http://www.jugendmarke.de

- Stiftung PRO AUSBILDUNG

Seit fünf Jahren setzt sich die Düsseldorfer Stiftung PRO AUSBILDUNG für eine Verbesserung des Übergangs Schule/Beruf in der Region ein. Die Stiftung PRO AUSBILDUNG, eine Initiative der Metall-Arbeitgeber, ist eine operative Stiftung und ist unterstützend tätig im Großraum Düsseldorf.

Die Stiftung versteht sich als Impulsgeber. Sie will positive Denk-, Kommunikations- und Veränderungsprozesse in der Gesellschaft anstoßen, vermitteln und begleiten. Die finanziellen Mittel der Stiftung sind dafür gedacht, sinnvolle Veränderungen zu ermöglichen. Die dauerhafte Finanzierung von Projekten ist in der Regel nicht ihre Aufgabe. Die Stiftung initiiert und unterstützt Bemühungen um gesellschaftliche Verständigung und Dialog. Sie wendet sich damit auch entschieden gegen soziale und nationale Vorurteile. Diese Haltung leitet die Stiftung bei ihrer Förderung von Erziehung und Bildung, insbesondere im Bereich benachteiligter Schulformen und Schüler, sowie bei der Förderung von Fortbildung, Begegnung und Austausch des europäischen Führungsnachwuchses.

Durch Initiierung und Förderung von Modellprojekten will die Stiftung Impulse zur Verbesserung der Volks- und Berufsbildung geben und Beiträge zur Weiterentwicklung des sozialen Gefüges in der Berufs- und Arbeitswelt leisten. In der Berufsbildung initiiert und fördert die Stiftung insbesondere Projekte zur Verbesserung der betrieblichen Ausbildung, der Berufsschulen und des Übergangs von der Schule in das Berufsleben. In der Berufs- und Arbeitswelt greift die Stiftung soziale Fragestellungen beim Übergang von der Industriegesellschaft in die globale Wissensgesellschaft auf.

Kontakt:
Internet: http://www.proausbildung.de

- RWE Jugend-Stiftung gGmbH

Die RWE-Jugend-Stiftung gGmbH zur Förderung beruflicher Qualifikation, gesellschaftlicher Integration und sozialer Einsatzbereitschaft setzt sich im Rahmen der von ihr geförderten Projekte dafür ein, dass „sich Jugendliche und junge Erwachsene wieder stärker einsetzen für soziale und gesellschaftliche Belange, gefährdete Kinder und Jugendliche nicht in eine Abwärtsspirale geraten."

Förderschwerpunkte der Stiftung sind unter anderem Toleranz gegenüber anderen Kulturen; Förderung der Eigeninitiative, des Verantwortungsbewusstseins und der Verantwortungsübernahme; Aktionen zur Anerkennung der Einsatzbereitschaft Jugendlicher bei sozialen Aufgaben; Hilfe für Jugendliche, die Ausländer bei der Integration unterstützen etc.

Kontakt:
RWE Jugendstiftung gGmbH
Opernplatz 1
45128 Essen
Internet:http://www.ida-nrw.de/projekte-interkulturell-nrw/such_ja/
06promit/rwe_juge.htm

- Stiftung Mercator GmbH

Die Stiftung möchte mittels der Initiierung und Förderung von Projekten zur kulturellen, sozialen und politischen Bildung junger Leute sowie zur gesellschaftlichen Teilhabe anregen. Durch Sprach- und Fachförderung trägt die Stiftung für bessere Bildungs-und Integrationschancen von Migrantenkindern bei. Über Lehrerbildung, Unterrichtsentwicklung und individuelle Förderung von Schülern soll die Schulentwicklung vorangebracht und innovative Ansätze bekannt gemacht werden.

Mit allen Fördermaßnahmen im Bereich Kinder und Jugendliche verfolgt die Stiftung Mercator ein wesentliches Ziel: dass möglichst viele junge Menschen die bestmöglichen Chancen bekommen, sich zu bilden, ihre Persönlichkeit zu entfalten und umfassend „gerüstet" ins Leben zu gehen – ganz gleich, welche kulturelle oder soziale Herkunft sie haben.

Die Stiftung Mercator GmbH ist in allen Förderbereichen sowohl operativ als auch fördernd tätig.

Kontakt:
Stiftung Mercator GmbH
Postfach 10 14 13
45014 Essen
Internet: http://www.stiftung-mercator.de

- Deutsche Bank Stiftung

Die Förderbereiche der Deutsche Bank Stiftung sind Bildung, Hilfe zur Selbsthilfe, Musik und Kunst. Eigene Projekte werden initiiert und langfristige Partnerschaften ermöglicht. Im Mittelpunkt steht das Engagement für die Bildung: Dazu gehören neben der Förderung des künstlerischen Nachwuchses auch kulturelle und wirtschaftliche Jugendbildung sowie Projekte, die die beruflichen Perspektiven von Jugendlichen und jungen Erwachsenen verbessern.

Bei den von der Stiftung unterstützen Projekten der Projektpartner wird mit der Förderung eine langfristige Perspektive verfolgt. Besonderes Engagement gilt nachhaltigen Projekten, die sich auf den Schnittstellen der Förderbereiche bewegen, die also Bildungs-, soziale und kulturelle Aspekte miteinander verbinden.

Die Stiftung fördert gezielt auch kleine, ungewöhnliche Initiativen, wenn sie gut geplant und professionell begleitet werden. Diesen Projekten steht die Stiftung nicht nur mit Geld, sondern auch mit Rat und Tat von Seiten der Mitarbeiter und Mitarbeiterinnen zur Seite.

Kontakt:
Internet: http://www.deutsche-bank-stiftung.de

- Sparkassen-Stiftungen

Die Stiftungen der Sparkassen-Finanzgruppe knüpfen mit ihrer Verantwortung für das Gemeinwohl an das Engagement der Sparkassen an. Sie sind in den Regionen verankert und fördern aus den Erträgen des ihnen anvertrauten Stiftungskapitals unterschiedliche, vorrangig regionale Projekte in den Bereichen Kultur, Soziales, Sport, Wissenschaft und Umwelt.

Allein im Jahr 2006 haben diese Stiftungen mehr als 57 Millionen Euro für gemeinnützige Zwecke ausgeschüttet in allen Bereichen des öffentlichen Lebens – vom Denkmalschutz, über Wissenschaft und Forschung, Jugend, Kunst und Kultur, Sozialwesen, Sport bis hin zum Umweltschutz. Darüber hinaus sind sie außerdem auch als sogenannte Einrichtungsträgerstiftungen tätig – etwa von Altenheimen, Sport- oder Kulturstätten.

Kontakt:
Im Internetportal der Sparkassenstiftungen finden Sie allgemeine Informationen zum Förderprogramm der Deutschen Sparkassen: http://www.sparkassenstiftungen.de

Für Informationen bezüglich der Förderung von konkreten Projektvorhaben erkundigen Sie sich bei der Sparkassenfiliale in Ihrer Region.

- Robert Bosch Stiftung

Die Robert Bosch Stiftung versteht sich sowohl als operativ tätige Stiftung, die ihre Ziele mit Eigenprogrammen verfolgt, als auch als fördernde Stiftung, die es Dritten ermöglicht, interessante Ansätze – Projekte und Initiativen – zur Bewältigung gesellschaftlicher Aufgaben im In- und Ausland zu entwickeln und umzusetzen.

Als fördernde Stiftung stellt die Robert Bosch Stiftung Mittel für Projekte zur Verfügung, die entweder eine Ergänzung zu bereits vorhandenen Programmen darstellen oder diese in innovativer Weise weiterführen, oder zur Verstärkung der stiftungseigenen Ziele in einzelnen Themenschwerpunkten wesentlich beitragen.

Die Stiftung unterstützt seit über 15 Jahren bürgerschaftliches Engagement als Form der demokratischen Mitgestaltung, das in vielen gesellschaftlichen Bereichen eine stärkere Bedeutung gewinnt. Nach Jahren innenpolitischer Debatten ist heute in Politik und Gesellschaft ein weitgehender Konsens vorhanden, aktiv Integrationspolitik zu betreiben. Die Stiftung fördert die Idee und die Praxis der gleichberechtigten Teilhabe am gesellschaftlichen Leben unter Respektierung kultureller Vielfalt und unterstützt Migrant(inn)en im Rahmen zahlreicher Programme dabei, sich mit Sprache, Normen und Werten der deutschen Gesellschaft vertraut zu machen und sich aktiv in unser Gemeinwesen einzubringen.

Kontakt:
Robert Bosch Stiftung GmbH
Heidehofstr. 31
70184 Stuttgart
Postanschrift:
Postfach 10 06 28
70005 Stuttgart
Internet: http://www.bosch-stiftung.de

- Landesmittel der jeweiligen Bundesländer

In einigen Bundesländern werden Patenschaftsprojekte durch die jeweiligen Landesregierungen unterstützt und gefördert. Mittels solcher Fördermöglichkeiten sind zum Teil auch längerfristige Projektvorhaben realisierbar, da die jeweiligen Landesregierungen nicht, wie einige Stiftungen, Fördermittel zwingend in einem beschränkten Zeitrahmen zur Verfügung stellen.

Projektvorhaben, die auf der Suche nach Fördermitteln sind, sollten sich also auf jeden Fall zunächst über eventuelle Zuschüsse durch die jeweilige Landesregierung informieren.

2 Netzwerke und Kontakte

Netzwerkstrukturen sind unerlässlich für einen weit reichenden Erfahrungsaustausch sowie die Nachhaltigkeit von Patenschaftsprojekten, welche häufig zeitlich begrenzt sind. Durch die Nutzung bestehender Netzwerke kann das Spektrum der zu erreichenden Zielgruppen sinnvoll ausgeweitet und ein höherer Bekanntheitsgrad des jeweiligen Projektvorhabens erreicht werden.

Im Folgenden werden einige nationale und regionale Netzwerke mit verschiedenen Zielgruppen im Bereich Patenschaften vorgestellt. Im Falle einer geplanten Durchführung von Patenschaftsprojekten ist eine Kontaktaufnahme mit einem bestehenden Netzwerk sinnvoll, da auf diesem Wege zentrale Informationen zur Strukturierung und Durchführung, zur finanziellen Förderung und ggf. zu Einbindungsmöglichkeiten in bereits bestehende Netzwerke eingeholt und ausgetauscht werden können.

Netzwerke im Bereich Ausbildung/Übergang Schule und Beruf

- Die Gemeinschaftsinitiative EQUAL fördert aus Mitteln des Europäischen Sozialfonds sogenannte Entwicklungspartnerschaften (EPen). Diese erproben neue Wege zur Bekämpfung von Diskriminierung und Ungleichheiten von Arbeitenden und Arbeitsuchenden auf dem Arbeitsmarkt. Einige Teilprojekte dieser Initiative beinhalten unter anderem Patenschaften für jugendliche Migrantinnen und Migranten.

Das EQUAL-Kooperationsnetzwerk „Berufliche Integration von Migrantinnen und Migranten" richtet sich an Zugewanderte aller Altersklassen und beinhaltet unter anderem den Themenschwerpunkt „Interkulturelle Öffnung".

Im Rahmen eines weiteren Netzwerkes, „Integration durch Qualifizierung", wird ebenfalls mittels Entwicklungspatenschaften der Arbeitslosigkeit von Migrantinnen und Migranten entgegengewirkt werden.

Die Zentralstelle für die Weiterbildung im Handwerk (ZWH) koordiniert im Auftrag des Bundesministeriums für Arbeit und Soziales die Kooperation dieser beider Netzwerke sowie die Zusammenarbeit verschiedener Entwicklungspartnerschaften im Bereich der beruflichen Integration von Migrantinnen und Migranten.

Kontakt:
Träger beider Netzwerke ist die Zentralstelle für die Weiterbildung im Handwerk (ZWH)
Sternwartstraße 27-29
40223 Düsseldorf

- Vertrauensnetzwerk Schule – Beruf

Fürther Netzwerk zur Verbesserung der Ausbildungschancen von Hauptschüler(inne)n

Verschiedene Partner arbeiten in einem Bildungsnetzwerk zusammen, welches einen regen Austausch ermöglicht, neue Projekte und Ideen entwickelt und eine größtmögliche Nachhaltigkeit der Ansätze gewährleistet. Die Partner stimmen darin überein, dass vor allem Hauptschüler(innen) beim Übergang von der Schule in die Arbeitswelt deutlich stärker und individueller unterstützt werden müssen und dass eine anerkannte Ausbildung die beste Voraussetzung für ein erfolgreiches Berufsleben darstellt. Mittels unterschiedlicher Maßnahmen und Praxismodule, wie z. B. Eltern- und Multiplikatorenarbeit, Bildungspatenschaften, Verbesserung der Medienkompetenz etc, sollen diese Zielsetzungen erreicht werden.

Kontakt:
Internet:http://www.vhs-fuerth.de/vhs/vertrauensnetzwerk; jsessionid=2B6A09C6707DF69E596F7300E113125F

- Stiftung PRO AUSBILDUNG

Die Stiftung fungiert als Service- und Koordinierungsstelle für Maßnahmen zur Unterstützung Jugendlicher auf ihrem Weg in die berufliche Ausbildung im Großraum Düsseldorf. Neben der Betreuung von Lernpatenschaften zwischen Schulen und Betrieben ist die Stiftung weiterhin tätig in der Koordinierung und Initiierung von Bildungs- und Weiterbildungsmaßnahmen, in der Entwicklung von individuellen Förderkonzepten für Schülerinnen und Schüler, in der themenorientierten Elternarbeit sowie im Aufbau und in der Koordinierung verschiedener Netzwerke im Bereich der Unterstützung von Jugendlichen in der Schnittstelle zwischen Schule und Beruf.

Die Stiftung führt zudem eine Projektdatenbank, die auf der entsprechenden Internetseite zur Verfügung steht und worauf eine Vielzahl von Projekten und weiteren kleineren Netzwerken im Bereich der Ausbildung/Übergang Schule und Beruf eingestellt und ausführlich beschrieben sind.

Kontakt:
Internet: http://www.proausbildung.de

- „Startklar!" – Netzwerke für sozial benachteiligte junge Menschen durch Integrationsmanager und Patenschaften

Bei diesem Netzwerk handelt es sich um einen qualitativen Projektverbund des Kommunalverbandes für Jugend und Soziales in Baden Württemberg (KVJS), welcher eingebunden ist in die Offensive zur Bekämpfung der Jugendarbeitslosigkeit „AKKU – Wir laden Projekte" des Ministeriums für Arbeit und Soziales in Baden Württemberg. Die Laufzeit sowohl der Offensive als auch des Projektverbundes endet am 31.12. 2007.

Die Projektidee von „Startklar!" verbindet ein modernes Integrationsmanagement für sozial benachteiligte junge Menschen beim Übergang von der Schule in Ausbildung oder Arbeit mit der Erschließung von Ressourcen bestehender Netzwerke und der Einbindung von bürgerschaftlichem Engagement.

Das Landesjugendamt bietet allen am Projektverbund beteiligten Projekten Fortbildungsveranstaltungen für Fachkräfte und Ehrenamtliche, Organisation des Erfahrungsaustausches und der regionalen Vernetzung sowie Evaluierungsmöglichkeiten im Verbund sowie Datensammlungen an.

Kontakt:
Kommunalverband Jugend und Soziales Baden-Württemberg
Dezernat Jugend – Landesjugendamt
Lindenspürstraße 39
70176 Stuttgart
Internet: http://www.kvjs.de

- Bundesinstitut für Berufsbildung (BIBB) –
  Good Practice Center (GPC)

Das Good Practice Center des Bundesinstituts für Berufsbildung erfüllt die Aufgabe, Praxisbeispiele für die Förderung von Benachteiligten zu dokumentieren und „Gute Praxis" zu fördern. Ziel des GPC ist es, Erfahrungen, Ideen und erprobte Lösungen in der beruflichen Förderung von Benachteiligten allgemein zugänglich zu machen. Es bietet sich an als eine zentrale Stelle der Dokumentation, der Information, des Transfers und der Vernetzung.

Folgender Service kann über das GPC in Anspruch genommen werden:

➢ Datenbank der Qualifizierungsbausteine
➢ Datenbank der Lehrmodule beruflicher Bildung
➢ Aktuelle Informationen aus der Berufsbildungspolitik
➢ Wissensarchiv mit Informationen zu Materialien, Arbeitshilfen, Förderprogrammen, Forschungsmaterialien
➢ Durchführung von Fachtagungen, Expertengesprächen und Workshops
➢ Versendung eines Newsletters
➢ Austauschforum im Internet

Kontakt:
Internet: http://www.good-practice.de

- Partnerbetriebe für jede Schule in NRW

Die Datenbank Partnerbetriebe für jede Schule in NRW bietet einen umfassenden Datenbestand zu Partnerschaften zwischen Schulen und Betrieben in NRW sowie vielfältige Hilfestellungen für Schulen und Unternehmen zum Aufbau und zur Pflege von Partnerschaften. Hier finden Sie eine Vielzahl von Informationen sowohl für Unternehmen als auch für Schulen, die an einer Partnerschaft interessiert sind.

Kontakt:
Internet://www.partnerschaften-nrw.de

- Perspektiva

Seit 1999 haben sich in Fulda Unternehmer, Bürger sowie soziale Einrichtungen zur „Perspektiva gGmbH – Fördergemeinschaft Theresienhof für Arbeit und Leben" zusammengeschlossen. Mittlerweile sind über 40 Unternehmen Gesellschafter bei Perspektiva. Der Zusammenschluss konzentriert sich auf Jugendliche mit Sonderschul- oder schwachem Hauptschulabschluss, die Schwierigkeiten bei der Arbeits- beziehungsweise Ausbildungsplatzsuche haben. Gemeinsam mit den Unternehmen werden die Jugendlichen individuell gefördert und qualifiziert.

Perspektiva wird von Unternehmen der Region Fulda getragen, insbesondere von Inhabern und Leitern kleinerer und mittelständischer Unternehmen. Bürgerinnen und Bürger, ebenso wie Betriebe übernehmen in Selbstverpflichtung finanzielle Beiträge und schaffen damit ein System, das sich (weitgehend) selbst finanziert.

Kontakt:
Perspektiva gGmbH
Fördergemeinschaft Theresienhof für Arbeit und Leben
Maberzeller Straße 75
36041 Fulda
Internet: www.perspektiva-fulda.de

Bildungspatenschaften/Schulpatenschaften/Lernpatenschaften

- Verein für interkulturelle Bildung und Förderung für Schüler und Studenten (IBFS)

Um Schüler(innen) und Student(inn)en mit Migrationshintergrund zu unterstützen, wurde im Jahr 2004 von Migrant(inn)en dieser Verein gegründet. Mittels dem Einsatz von Ehrenamtlichen organisiert und koordiniert der Verein Hausaufgabenhilfe, Nachhilfeunterricht, Sprachkurse und Freizeitaktivitäten für junge Migrant(inn)en.

Kontakt:
Murat Vural, Vorsitzender
E-Mail: info@ibfs-ev.de
Tel.: 0172 1563 448
Internet: http://www.ibfs-ev.org

Themenübergreifende Netzwerke

- Stiftung Bürger für Bürger

Die Stiftung Bürger für Bürger hat sich zum Ziel gesetzt, das freiwillige, ehrenamtliche und bürgerschaftliche Engagement in seiner Vielfalt zu stärken und dazu beizutragen, die Bedeutung dieses Engagements für die demokratische Gesellschaft und die einzelnen Menschen in der Öffentlichkeit stärker sichtbar zu machen. Die Stiftung versteht sich dabei als ein offenes Forum für den Diskurs und als Serviceeinrichtung für grundlegende Informationen. Sie richtet sich an:

➢ freiwillig, ehrenamtlich und bürgerschaftlich Engagierte und Interessierte sowie an Vereine, Verbände und Organisationen, die Möglichkeiten zu diesem Engagement bieten
➢ Verantwortliche in Politik, Wirtschaft und Gesellschaft
➢ Vertreterinnen und Vertreter aus Bildung und Wissenschaft
➢ Medien

Als Serviceeinrichtung bietet die Stiftung folgende Dienstleistungen an:

➢ Veranstaltungsorganisation
➢ Moderation und Organisationsberatung
➢ Initiierung und Durchführung von Programmen

Information und Beratung zum bürgerschaftlichen Engagement

➢ Referent(inn)en für Vorträge, Tagungen und Workshops
➢ Presseinformationen und Info-Kampagnen
➢ Erstellung empirischer Studien
➢ Unterstützung bei Netzwerkarbeit durch enge Kooperation mit anderen Stiftungen, Verbänden und Organisationen
➢ Erfahrungsaustausch und Wissenstransfer

Kontakt:
Stiftung Bürger für Bürger
Singerstr. 109
10179 Berlin
Internet: http://www.buerger-fuer-buerger.de

- Bundesnetzwerk Bürgerschaftliches Engagement – BBE

Im Jahr 2002 wurde das „Bundesnetzwerk Bürgerschaftliches Engagement" – BBE gegründet. Das Netzwerk hat inzwischen ca. 190 Mitglieder; in den Mitgliedsorganisationen des BBE sind viele Millionen Menschen organisiert.

Das übergeordnete Ziel ist die nachhaltige Förderung von Bürgergesellschaft und bürgerschaftlichem Engagement in allen Gesellschafts- und Politikbereichen. Hierzu ist es wichtig, dass Freiwilligenarbeit, Selbsthilfe und Ehrenamt einen höheren Stellenwert in Staat und Gesellschaft bekommen.

Das BBE ist dem Anspruch nach ein gemeinsames Netzwerk aller drei großen gesellschaftlichen Bereiche – Bürgergesellschaft, Staat und Kommunen, Wirtschaft/Arbeitsleben – zur Förderung von bürgerschaftlichem Engagement und Bürgergesellschaft. Das Netzwerk sieht seinen Auftrag darin, nachhaltige Impulse der Engagementförderung in der Praxis von Bürgergesellschaft, Staat und Wirtschaft sowie in der Politik zu setzen.

Die inhaltliche Arbeit des Bundesnetzwerkes erfolgt in Arbeitsgruppen. Sie sind ganz bewusst im Sinne einer offenen Netzwerkarbeit für inhaltliche Impulse und unkomplizierte Zugänge der Mitwirkung offen gehalten. Die Arbeitsgruppen bearbeiten ein breites Spektrum von Themen und Anliegen. Hier werden konkrete Projekte und praktische Beispiele der Engagementförderung entwickelt beziehungsweise angeschoben.

Die Arbeitsgruppe 5, „Migration und Integration", befasst sich insbesondere damit, die Bedeutung bürgerschaftlichen Engagements von Migrant(inn)en als einen besonderen Integrationsfaktor herauszustellen und ihr durch konkrete Projekte Geltung zu verschaffen.

Die Arbeitsgruppe ist nicht nur auf die Zielgruppe der Migrantinnen und Migranten ausgerichtet, sondern befasst sich insgesamt mit dem Thema des bürgerschaftliches Engagement beziehungsweise der Engagementförderung in der Einwanderungsgesellschaft.

Kontakt:
Internet: http:// www.b-b-e.de/

- Stiftung MITARBEIT

Die Stiftung hat sich die „Demokratieentwicklung von unten" zur Aufgabe gemacht und versteht sich als Servicestelle für das bürgerschaftliche Engagement.

Bürgerinitiativen und Selbsthilfegruppen steht die Stiftung mit Beratung und Information, der Vermittlung von Kontakten und Vernetzungsmöglichkeiten sowie vielfältigen anderen praktischen Hilfestellungen zur Verfügung.

In den Fachtagungen der Stiftung werden Probleme der Bürgermitwirkung aufgegriffen und neue Ideen und Ansätze vorgestellt, von der Jugend- bis zur Seniorenarbeit, vom Umweltschutz bis zur Ausländer- und Antirassismus-Arbeit. Praktisches Know-how für die Initiativarbeit vor Ort vermitteln Methodenseminare, die sowohl überregional angeboten werden als auch von interessierten Gruppen vor Ort bestellt werden können.

Praxisnah ausgerichtet sind auch die Publikationen der Stiftung – In der Publikationsreihe mit Arbeitshilfen für die Initiativpraxis werden beispielsweise Titel wie „Eine Veranstaltung planen", „Fundraising", „Ratgeber Vereinspraxis", „Arbeitshilfe Kreativitätstechniken" oder „Projekte überzeugend präsentieren" veröffentlicht. Daneben gibt die Stiftung die Fachreihe „Beiträge zur Demokratieentwicklung von unten" heraus, in der Handlungsansätze und kritische Stellungnahmen zur politischen Partizipation und Bürgerinitiativbewegung publiziert werden.

Kontakt:
Internet: http://www.mitarbeit.de

- ENCYMO – Europäisches Netzwerk für Aktivpatenschaften

ENCYMO (European Network of Children and Youth Mentoring Organisations) ist ein Netzwerk von etwa 100 Partnerorganisationen und -projekten aus 19 europäischen Ländern. Etwa 20 unter ihnen haben Zweigstellen in mehreren Regionen eines Landes.

Zu den Trägerorganisationen der Lokalprojekte in Deutschland gehören Wohlfahrtsverbände, Gemeinden, Freiwilligenzentren und Seniorenbüros.

Die lokalen Organisationen und -projekte sind der tragende Pfeiler der ganzen Patenschaftsidee. Sie finden und überprüfen die ehrenamtlichen Aktivpaten, die zu ihnen passenden Kinder und Jugendlichen und sorgen dafür, dass die Patenschaften sicher und erfolgreich ablaufen. Der Anstoß für eine Patenschaft kommt von den Patenkindern und ihren gesetzlichen Vertretern.

Manchmal dienen als Übermittler auch Sozialhelfer oder Lehrer.
Eine Zusammenstellung von Patenschaftsprojekten in Deutschland finden Sie auf einer Datenbank der ENCYMO-Homepage.

Kontakt:
Internet: www.encymo.org

3 Patenschaften International

Patenschaften in der Schweiz und in Österreich

Auch in anderen europäischen Ländern führen Caritasverbände seit mehreren Jahren mit zunehmendem Erfolg Patenschaftsprojekte für benachteiligte Kinder und Jugendliche durch.

Die Beweggründe für die Initiierung von Patenschaftsmodellen sind denen in Deutschland sehr ähnlich. Mittels Patenschaften sollen individuelle Lebenssituationen von benachteiligten Kindern und Jugendlichen verbessert, Potentiale gemeinsam entdeckt und gefördert und eventuelle Defizite gemeinsam erkannt und behoben werden.

Die Caritas Schweiz betreibt zum Beispiel seit mehreren Jahren mit großem Erfolg das Patenschaftsprojekt „mit mir". Diese Patenschaftsinitiative für benachteiligte Kinder und Jugendliche wurde im Jahr 2003 erstmals von Seiten der Caritas Zürich in dem gleichnamigen Kanton angeboten. Das Projekt vermittelt Kinder aus belasteten Familien an freiwillige Patinnen und Paten, in der Schweiz werden diese „Gotten" und „Göttis" genannt. Während die Eltern für einige Stunden entlastet werden, erleben die Kinder eine abwechslungsreiche Freizeit sowie Aufmerksamkeit und Zuwendung von ihren Pat(inn)en.

Auf Grund der großen Nachfrage hat die Caritas Zürich nun das Projekt auf den gesamten Kanton ausgeweitet. Seit dem Beginn der Initiative „mit mir" vor mehr als vier Jahren sind über 180 Patenschaften vermittelt worden.

Mittlerweile wird diese Patenschaftsinitiative auch in weiteren Kantonen der Schweiz angeboten, wie zum Beispiel in Bern, St. Gallen, Aargau und Thurgau.

Nähere Informationen über das Schweizer Patenschaftsprojekt „mit mir" erhalten Sie auf folgenden Internetportalen:

http://www.caritas-zuerich.ch
http://www.caritas-bern.ch
http://www.caritas-stgallen.ch
http://www.caritas-aargau.ch
http://www.caritas-thurgau.ch
http://www.caritas-schweiz.ch

In der Schweiz sowie in Österreich existiert zudem seit einigen Jahren mit wachsender Resonanz das Angebot der sogenannten „Leihomas und Leihopas". Gemäß dem Konzept erklären sich ehrenamtliche Seniorinnen und Senioren bereit, mit benachteiligten Kindern und Jugendlichen Zeit zu verbringen, Freizeitaktivitäten zu organisieren und durch regelmäßige Treffen Aufmerksamkeit und Zuneigung zu schenken.

Nähere Informationen hierzu finden Sie auf folgenden Internetportalen:
http://www.leihomas-leihopas.de
http://omadienst.at

Patenschaften in den Mitgliedstaaten der EU

Patenschaftsprojekte werden auch in anderen Mitgliedstaaten der EU erfolgreich entwickelt und durchgeführt, wie zum Beispiel in Frankreich, Belgien, Dänemark oder Großbritannien.

Das Europäische Netzwerk für Aktivpatenschaften – ENCYMO – bietet mit seinen internationalen Datenbanken reichhaltige Informationen über europäische Patenschaftsprojekte an. Neben Informationen über die jeweiligen Projekte in unterschiedlichen europäischen Ländern sind zudem auch aktuelle Forschungsergebnisse, Dokumentationen und Kontaktdaten über das Internetportal abrufbar.

http://www.encymo.org

Das Mentorenkonzept „Big Brothers Big Sisters" aus den USA

„Big Brothers Big Sisters" vermittelt Kindern und Jugendlichen Mentoren, die ihnen helfen, zu entdecken, was in ihnen steckt. Sie verbringen mit den jungen Menschen regelmäßig etwas Zeit. So stärken sie das Selbstvertrauen der Kinder und Jugendlichen, geben ihnen neue Anregungen und unterstützen sie darin, ihren eigenen Weg zu finden und ihre Fähigkeiten und Begabungen zu entdecken. Ziel des Mentorenprogramms ist es, die soziale Kompetenz von benachteiligten Kindern und Jugendlichen zu fördern, Integrationsmöglichkeiten zu verbessern und die Interkulturelle Verständigung zu unterstützen.

„Big Brothers Big Sisters" wurde vor über 100 Jahren in Amerika gegründet. Heute wird es in über 15 Ländern erfolgreich durchgeführt. Allein in Nordamerika gibt es 590 regionale Büros. Mehr als 250.000 Kinder treffen sich hier regelmäßig mit ihren Mentoren. Was als lokale Initiative 1904 in New York begann, ist heute ein international bekanntes Programm, das zu einer festen Einrichtung in vielen Städten weltweit wurde, so etwa in Boston, Toronto, Kapstadt, Moskau und Sydney.

In den USA wird „Big Brothers Big Sisters" seit langem von wissenschaftlichen Untersuchungen begleitet, welche einstimmig den großen

Erfolg für die Verbesserung der Lebenssituation benachteiligter Kinder und Jugendlichen bestätigen.

Das international bewährte Programm zeichnet sich durch hohe Qualitäts- und Sicherheitsstandards aus. Jedes Tandem aus Kind und Mentor wird von eigens geschulten Mentoring-Beratern sorgfältig ausgewählt, vorbereitet und begleitet.

Seit Ende 2006 gibt es das Mentorenprogramm auch in Deutschland. „Big Brothers Big Sisters" – Deutschland startet in der Region Rhein-Neckar, zu der unter anderem die Städte Mannheim, Ludwigshafen und Heidelberg gehören. Geplant ist, weitere Büros in anderen Städten und Regionen zu eröffnen. Unterstützt wird die gemeinnützige, unabhängige Kinderhilfsorganisation derzeit vor allem durch die Benckiser Stiftung für Jugendförderung sowie durch verschiedene Unternehmen und Privatpersonen. Für den bundesweiten Aufbau sucht „Big Brothers Big Sisters" – Deutschland weitere Partner und Unterstützer.

Nähere Informationen zu dem Mentorenkonzept „Big Brothers Big Sisters" finden Sie in folgenden Internetportalen:

http://www.bbbs.org
http://www.bbbsd.org

4 LITERATUR

Asylkoordination (Hg.): Annährungen. Junge Flüchtlinge und ihre Pat(inn)en erzählen, Wien 2006

Berufsbildungsbericht des Bundesministeriums für Bildung und Forschung, Berlin 2006

Blickwede, Inge/ Kehler, Holger u.a.: Soziale Unterstützung junger Erwachsener beim Übergang in Beschäftigung. Kompetenzentwicklung und regionale Netzwerke an der 2. Schwelle, Baltmannsweiler 2006

Böhnisch, Lothar: Das Scheitern jugendlicher Lebensbewältigung bei Arbeitslosigkeit: Konzeptionelle Leitfragen der Sozialpädagogik in der Bekämpfung der Arbeitslosigkeit benachteiligter Jugendlicher, in: Steinmetz, Bernd, Ries, H.A., Homfeldt, H.G. (Hrsg): Benachteiligte Jugendliche in Europa. Konzepte gegen Jugendarbeitslosigkeit, Opladen 1994, S. 43–52

Boos-Nünning, Ursula: Berufliche Bildung von Migrantinnen und Migranten. Ein vernachlässigtes Potential für Wirtschaft und Gesellschaft, in: Friedrich-Ebert-Stiftung (Hg.): Kompetenzen stärken, Qualifikationen verbessern, Potentiale nutzen. Berufliche Bildung von Jugendlichen und Erwachsenen mit Migrationshintergrund, Bonn 2006

Galuske, Michael: Jugend ohne Arbeit: Das Dilemma der Jugendberufshilfe, in: Zeitschrift für Erziehungswissenschaft, H.4, 1. Jg., S. 535–560

Huth, Susanne: Bürgerschaftliches Engagement von Migrantinnen und Migranten – Lernorte und Wege zu sozialer Integration, INBAS-Sozialforschung, Frankfurt am Main 2007

Huth, Susanne/Schumacher, Jürgen: Bürgerschaftliches Engagement in der Sprachförderung von Migrantinnen und Migranten. Expertise im Auftrag des Bundesamts für Migration und Flüchtlinge, INBAS-Sozialforschung, Frankfurt am Main 2007

Huth, Susanne: Integrationslotsen: Modelle von Engagement und Integration – Erfahrungen und Umsetzungsstrategien, INBAS-Sozialforschung, Frankfurt am Main, September 2007

Ledergerber, Beatrice/Ettlin, Regula: Mentoring für Jugendliche zwischen Schule und Beruf, Zürich 2005

Stiftung Bürger für Bürger/Akademie für Ehrenamtlichkeit Deutschland/Thomas Olk (Hg.): Förderung des bürgerschaftlichen Engagements, Berlin 2003

Weyrather, Irmgard: Chancen und Rahmenbedingungen von Modellen für Ausbildungspatenschaften und ihre Bedeutung für die katholische Jugendsozialarbeit. Ergebnisse eines Forschungsprojekts, Meinwerk-Institut, Sozialwissenschaftliche Forschungsstelle, Paderborn 2006

Auf dem Weg zur Bürgergesellschaft
Bürgerschaftliches Engagement im Rahmen von Patenschaftsprojekten

Wolfgang Krell

1 Vision Bürgergesellschaft

In den letzten Jahren wurde die öffentliche Diskussion um die „Bürgergesellschaft" intensiv geführt. Dabei lassen sich in Deutschland vier Diskussionsstränge unterscheiden, die alle in die Diskussion eingegangen sind. Der erste Bereich ist die Debatte um den Erhalt des Gemeinsinns in Nachfolge des amerikanischen Kommunitarismus. Zu einer breiten Debatte führte auch der zweite Strang über den Umbau des Sozialstaates, der aufgrund von Finanzierungsengpässen des Sozialsystems wie auch aufgrund der immer noch mehr regelnden und kontrollierenden Bürokratie geführt wurde. Die Zukunft der Arbeitsgesellschaft stellte ein drittes Feld der Diskussion dar: angesichts von Millionen von Arbeitslosen wurde die Frage diskutiert, ob der Gesellschaft nicht die (Erwerbs-) Arbeit ausgehe und eher eine Beschäftigungsgesellschaft notwendig ist. Ein letzter Strang der Diskussion drehte sich um die (Re-)Aktivierung demokratischer Teilhabe: angestoßen von der geringen Wahlbeteiligung in unserem Land, aber auch durch die UN-Beschlüsse zur AGENDA 21 (vgl. Möller, 2002, 30ff.).

Der Begriff „Bürgergesellschaft" wurde in der politischen und öffentlichen Diskussion ein immer wichtiger werdender Begriff. Er ist übernommen aus dem Englischen von „civil society" und wird aber in Deutschland in vielen Varianten benützt und ist deshalb nicht ganz eindeutig. Hier soll die Definition von Rupert Graf Strachwitz übernommen werden, der die Bürgergesellschaft in einem Dreieck von Staat, Wirtschaft und Zivilgesellschaft sieht: „Bürgergesellschaft beschreibt das Ideal einer Gesellschaft, in der sich Bürgerinnen und Bürger aktiv einbringen und in den Teilfunktionen Staat, Markt und Zivilgesellschaft gestalterisch mitwirken. Zivilgesellschaft dagegen beschreibt eine durch *Selbstermächtigung* und *Selbstorganisation* definierte und insbesondere durch bürgerschaftliches Engagement geprägte gesellschaftliche Teilfunktion, die dem Staat und Markt gleichrangig ist" (Strachwitz, 2003, 23).

Die Vision einer Bürgergesellschaft fordert ein neues Zusammenspiel von Staat, Wirtschaft und Zivilgesellschaft, um gesellschaftliche Probleme besser lösen zu können.

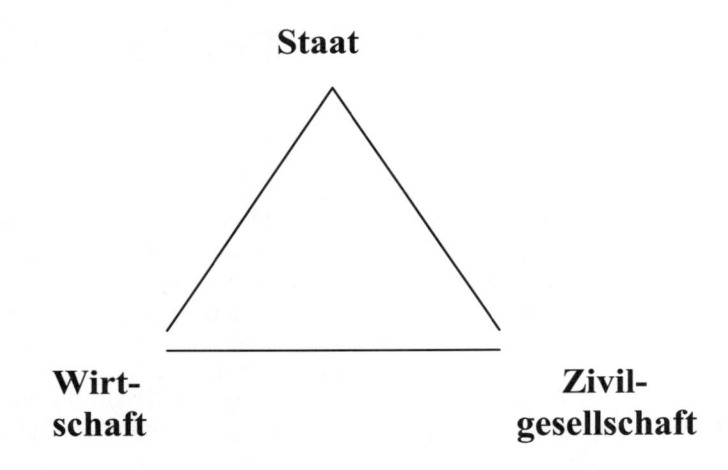

Staat

Wirt-   **Zivil-**
schaft   **gesellschaft**

2 Caritas in der Bürgergesellschaft

Das Leitbild des Deutschen Caritasverbandes wurde im Mai 1997 beschlossen (DCV 1997). In der weiteren inhaltlichen Diskussion um das Leitbild hat sich in den letzten Jahren deren Inhalt noch einmal verdichtet und inzwischen wird von drei Grundfunktionen der Caritas gesprochen: Anwalt, Dienstleister, Solidaritätsstifter. Sie sollen hier als Spannungsdreieck dargestellt werden. In der alltäglichen Arbeit vermischen sich diese drei Grundfunktionen der Caritas, in der verbandlichen Diskussion stehen sie aber z.T. vehement gegeneinander. Die aktuelle Diskussion in der Wohlfahrtspflege zeigt, dass sich die Wohlfahrtsverbände mitten in diesem Spannungsdreieck befinden.

Anwalt

Dienst-   **Solidaritäts-**
leister   **stifter**

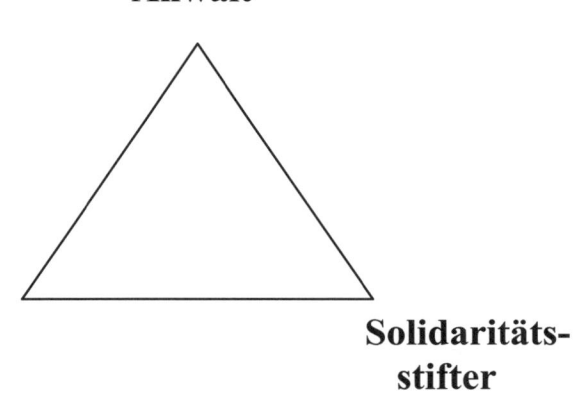

Wenn die Bürgergesellschaft das neue Zusammenwirken von Staat, Markt und Zivilgesellschaft ist, dann stellt die Caritas mit ihrem Spannungsdreieck aus seinem Leitbild ein ähnliches Dreieck dar. Die Funktion des Anwalts korreliert mit dem Staat, der die gesellschaftliche Ordnung durch Gesetz und Steuern beeinflusst. Hier geht es also darum, Rechte von Betroffenen einzufordern und durchzusetzen. Die Funktion des Dienstleisters ist eine wirtschaftliche Funktion und steht in enger Beziehung zur Wirtschaft.

Die Caritas ist Teil der Zivilgesellschaft, befindet sich also im Dreieck der Bürgergesellschaft eher in dieser Ecke und hat auch die Funktion des Solidaritätsstifters in der Gesellschaft – gemeinsam mit anderen Partnern aus der Zivilgesellschaft und im Zusammenspiel mit Staat und Wirtschaft als den beiden anderen Grund-Funktionen in der Gesellschaft.

Bürgergesellschaft

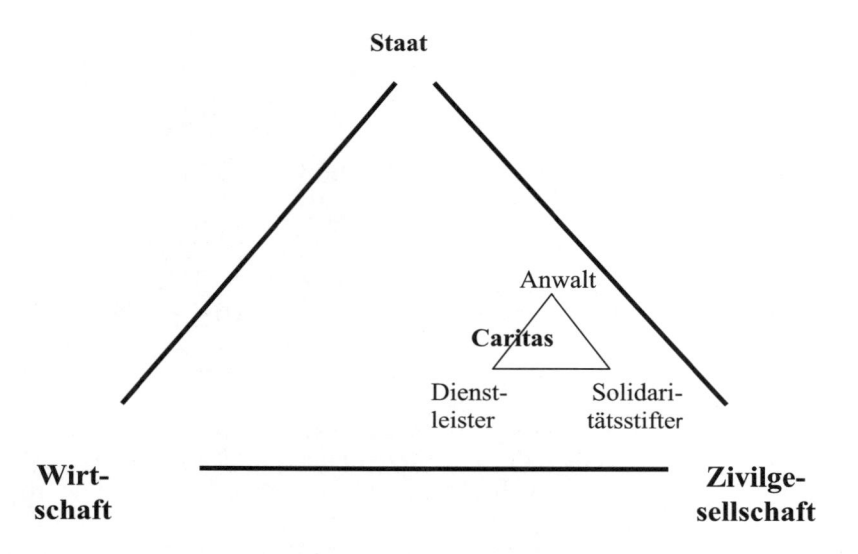

Staat

Anwalt

Caritas

Dienst- Solidari-
leister tätsstifter

Wirt- **Zivilge-**
schaft **sellschaft**

Im Sinne der Funktion als „Solidaritätsstifter" ist der Aufbau von Patenmodellen eine entscheidende Aufgabe für die Caritas und ein ganz wichtiges Element des Aufbaus von Solidarität und der Förderung von Integration.

Exkurs 1: Freiwilligen-Zentrum Augsburg

Das Freiwilligen-Zentrum Augsburg entstand 1997 im Rahmen des Modellverbundes Freiwilligen-Zentren im Deutschen Caritasverband. Träger des FZ Augsburg ist der SKM – Kath. Verband für soziale Dienste. Seit Beginn arbeitet des FZ Augsburg nach der gemeinsamen Konzeption der Caritas-Freiwilligen-Zentren in Deutschland. Darin sind vier Profilbereiche bestimmt.

Das FZ Augsburg bietet *Engagementberatung und Vermittlung*:

- Engagementberatung für interessierte Personen
- Offenlegung von Angeboten freiwilliger Tätigkeit
- Vermittlung von Person und Einsatzstelle

Das FZ bietet *Beratung von Organisationen*

- Beratung und Begleitung beim Aufbau von Freiwilligen-Projekte

- Information und Unterstützung zur Freiwilligen-Koordination
- Unterstützung bei der Klärung von Stellenprofil für Freiwillige und der Gewinnung und Schulung geeigneter Personen

Das FZ als *Forum freiwilligen Engagements* bietet:

- Aktionen (wie z.B. Freiwilligentag) zur Werbung für freiwilliges Engagement
- Fachgespräche und Fortbildungen zu aktuellen Themen im freiwilligen Engagement
- Öffentlichkeitsarbeit für freiwilliges Engagement und eine Plattform für die öffentliche und kommunalpolitische Diskussion
- Zusammenarbeit mit dem Bündnis für Augsburg und das Mitbauen an der Bürgerstadt Augsburg

Das FZ als *Werkstatt freiwilligen Engagements* bietet:

- eine Plattform für soziale Ideen und zur Diskussion zur Planung von Aktionen
- die Entwicklung und Trägerschaft von neuen Freiwilligen-Projekten
- die Bereitstellung von Räumen, Büros, Sachmitteln für Initiativen des bürgerschaftlichen Engagements
- die Zusammenarbeit mit den Bereichen Kirche, Kultur, Umwelt zur Ausweitung der Engagementmöglichkeiten für interessierte Bürgerinnen und Bürger

Mehr Informationen sind zu finden im Internet unter www.freiwilligen-zentrum-augsburg.de.

3 Integration: Wer integriert wie?

Grundsätzlich muss gefragt werden, wohin denn integriert werden soll. Ziel einer Integration ist die Eingebundenheit des Einzelnen in die Gesellschaft und das Sich-Binden an andere Gruppen und Gemeinschaften innerhalb der Gesellschaft.

Sozial integriert ist, wer in ein Netz von Beziehungen eingegliedert ist, das die folgenden drei Bereiche umfasst:
- Staat (politische Rechte),
- Wirtschaft, insbesondere Arbeitsmarkt (Erwerbsarbeit),
- Zivilgesellschaft (Privatbereich, Familie, Nachbarn, Privatinitiativen) (vgl. Duffy, 2004).

Menschen bzw. Familien, die Gefahr laufen, sozial ausgegrenzt zu werden, (u.a. Migrantenfamilien, erwerbslose Familien, isoliert lebende Menschen, Menschen mit sozialen Schwierigkeiten) sind in zumindest einen dieser drei Bereiche nur schwach eingebunden.

In der zitierten Definition von sozialer Integration auf europäischer Ebene bildet sich auch wieder das Spannungsdreieck der Bürgergesellschaft. Es wird deutlich, dass Integration – ähnlich wie bürgerschaftliches Engagement – in diesem Spannungsdreieck und auf allen drei Ebenen verwirklicht werden muss.

Dabei spielt neben den politischen Rechten und der Erwerbsarbeit eben gerade in einer Bürgergesellschaft der Bereich der Zivilgesellschaft eine enorm wichtige Rolle: das Engagement, das in der Zivilgesellschaft wächst, erhöht die Integration, beeinflusst ihren Grad auch in den anderen beiden Bereichen und braucht eine gegenseitige Anerkennung von Staat, Wirtschaft und Zivilgesellschaft durch die jeweiligen anderen Bereiche.

Unter Bürgerschaftlichem Engagement ist dabei nicht nur das Ehrenamt (in der Regel eine zeitlich befristete Verantwortungsübernahme in Vereinen), sondern auch die Formen der Selbsthilfe, des freiwilligen Engagements und der Nachbarschaftshilfe zu verstehen, d.h. alle Engagementformen, die über den Bereich der eigenen Familie hinausgehen.

Bürgerschaftliches Engagement in allen seinen Formen ist ein wesentlicher Beitrag zur Förderung der Integration. Um eine Integration in die Stadtgesellschaft zu erreichen, ist dafür die Bereitschaft zum Engagement von Seiten der Bürgerinnen und Bürger notwendig und entsprechende Infrastrukturen, um den Interessierten auch Engagementfelder zu eröffnen. Dabei sind besonders auch Migrantinnen und Migranten selbst anzusprechen und zu gewinnen, die durch ihre eigene Lebenserfahrung selbst Betroffene von (guter oder schlechter) Integration sind.

Integration kann nicht nur durch Soziale Arbeit geleistet werden. Die berufliche Sozialarbeit kann im Eigentlichen keine Integration in die Gesellschaft vollbringen. Sie kann die Betroffenen nur bei ihren Integrationsbemühungen unterstützen und sie kann anderen Gruppen dabei helfen, offen zu sein und Mitmenschen zu integrieren.

Die Integration einzelner Bürgerinnen und Bürger erfolgt direkt durch andere Bürgerinnen und Bürger. *Bürger integrieren andere Bürger*: als Nachbarn, als Vereinsmitglieder, als freiwillige Engagierte usw. Deshalb ist es sinnvoll, die Bürgerinnen und Bürger bei jeder Sozialen Arbeit, die Integration leisten will, von Anfang an zu beteiligen und mitwirken zu lassen. Zuerst durch Soziale Arbeit eine beruflich organisierte Form von Integration erreichen zu wollen, um sie dann anschließend an die Bürgerinnen und Bürger zu übergeben, erscheint nur als aufwändiger Umweg. Eine theoretisch mögliche, kontinuierliche Integration durch berufliche Sozialarbeit allein widerspräche dagegen jedem pädagogischen Anspruch der Profession.

4 Soziale Arbeit und Bürgerschaftliches Engagement

In den Siebziger und Achtziger Jahren des letzten Jahrhunderts hat sich die berufliche Sozialarbeit enorm ausgeweitet. Dabei wurden auch zivilgesellschaftliche Ansätze eher verdrängt – wie auch die Gemeinwesenarbeit als klassische Methode der Sozialarbeit.

Sozialarbeit wurde – auch in seinen theoretischen Grundlegungen – zunehmend allein von der Einzelfallhilfe bestimmt. Erst neuere methodische Ansätze, die gekennzeichnet sind durch die Begriffe „Ressourcenorientierung", „Netzwerkarbeit", „Sozialraumnähe" und „Empowerment" führten zu einem erneuten Aufgreifen von zivilgesellschaftlichen Ansätzen der Sozialarbeit (vgl. Möller, 2002, 34ff. und 41ff.).

Wenn sich die Soziale Arbeit wieder verstärkt dem bürgerschaftlichen, freiwilligen und ehrenamtlichen Engagement widmet, heißt das nicht, dass die Arbeit weniger professionell wurde. Eine Ausrichtung auf die Förderung des Bürgerschaftlichen Engagements bedeutet, neue fachliche Entwicklungen aufzunehmen und umzusetzen. Es ist letztendlich eine Neuausrichtung auf die „alte" Gemeinwesenarbeit, die mit neuen fachlichen, oben genannten Ansätzen einhergeht.

Auch die Arbeit mit Freiwilligen muss professionell und fachlich gut gemacht werden. Das Arbeitsfeld des „Volunteer Managements" ist in den angloamerikanischen Ländern bereits qualitativ ausgearbeitet und beginnt in den letzten Jahren auch in Deutschland Einzug zu halten.

Freiwilligen-Koordination ist keine Tätigkeit – wie lange Zeit üblich in den deutschen Organisationen – die man einfach so nebenher macht. Sie ist entscheidend für den Erfolg von Freiwilligen-Projekten. In den letzten Jahren hat sich der Inhalt von Freiwilligen-Koordination und Freiwilligen-Management als fachliche Aufgabe entwickelt und professionelle Standards setzen sich immer mehr durch. Auch schaffen Dienste und Einrichtungen zunehmend (Teilzeit-)Stellen für Freiwilligen-Koordination. So führt eine Ausrichtung der Arbeit auf die Förderung von bürgerschaftlichem Engagement auch zu neuen Aufgaben und zu neuen Arbeitsstellen für die Sozialarbeit.

5 Bürgerschaftliches Engagement von Paten

In den letzten Jahren entwickeln sich in vielen Bereichen der Sozialen Arbeit Patenprojekte. Dabei geht es um ein freiwilliges Engagement von aktiven Bürgerinnen und Bürgern, die (in der Regel) in einem Eins-zu-eins-Verhältnis von Pate und seinem Gegenüber ein persönliches Verhältnis entwickeln. Durch diese Beziehung werden die Selbsthilfekräfte des Betroffenen gestärkt, es geschieht bereits in dieser Patenschaft ein kleiner Schritt der Integration. Auf diesem ersten Schritt können weitere Entwicklungen aufbauen.

Die Paten sind Personen, die eben nicht aus der Familie, aus der gleichen gesellschaftlichen Gruppe, aus dem bisherigen Umfeld kommen. Es sind Bürgerinnen und Bürger, die über die eigenen Gruppenzugehörigkeiten hinweg eine Hilfe anbieten.

Wichtig ist bei der Planung die Konstruktion des Projektes. Entscheidend für einen Erfolg ist bereits vor dem Start die genaue Festlegung der Rahmenbedingungen. Für aktive Bürgerinnen und Bürger besonders sinnvoll sind Projekte, die eben Stadt, Wirtschaft und Bürgerschaft miteinander verbinden und die keinen Gegensatz zwischen z.B. Ämtern und Beratungsstellen aufkommen lassen und an denen sich idealerweise auch Wirtschaftsunternehmen beteiligen (im Feld der Migration evtl. auch Unternehmer mit Migrationshintergrund).

Die Rolle und die Aufgaben, die zukünftige Paten übernehmen sollen, müssen vorher genau diskutiert und festgelegt werden. Je genauer beschrieben werden kann, welche inhaltlichen und zeitlichen Vorstellungen für die Aufgabe als Pate bestehen, desto leichter ist es, auch passende Freiwillige dafür zu finden.

Die Rolle des Paten ist dabei eine ganz besondere: er/sie ist freiwillig tätig, in seiner/ihrer Freizeit aktiv und wird nicht dafür bezahlt. Allein diese Tatsache führt bei den Betroffenen, denen die Paten beistehen, zu einer gewissen Verblüffung, weil diese Paten etwas tun, ohne dafür Geld zu erhalten. Die Paten als Bürger, die anderen Bürgern beistehen, haben auch eine andere Rolle als jeder bezahlte, berufliche Mitarbeiter. Sie können auf Augenhöhe agieren und durchaus auch deutlich machen, dass der Betroffene selber dafür verantwortlich ist, was er aus der Beziehung zum Paten erhalten kann. Das Mitwirken und die Mitverantwortung können in diesem Verhältnis vom Bürger zum Bürger deutlicher angesprochen werden als bei beruflichen Mitarbeitern.

Die als Paten aktiven Freiwilligen bringen in die Soziale Arbeit noch eine zusätzliche Qualität. Sie sollen berufliche Sozialarbeit nicht ersetzen, sondern es soll damit eine eigene und direkte Vorgehensweise zu mehr Integration umgesetzt werden. Freiwillige können und wollen die – nur durch berufliche Sozialarbeit mögliche – Kontinuität auch gar nicht gewährleisten.

> *Exkurs 2: Bündnis für Augsburg und seine Projekte*
>
> Das Bündnis für Augsburg wurde 2002 gegründet und stellt ein Netzwerk zur Förderung des Bürgerschaftlichen Engagements in der Stadt Augsburg dar. Dieser Zusammenschluss (ohne eine Rechtsform) hat sich zum Ziel gesetzt, die Vision einer Bürgerstadt Augsburg zu verwirklichen.
>
> Die neue Form der Zusammenarbeit zwischen Stadt, Wirtschaft und Bürgerschaft im Sinne der Bürgerstadt wird vor allem in konkreten Projekten umzusetzen versucht. Neben dem Engagement von aktiven Bürgerinnen und Bürgern in verschiedenen kulturellen Projekten geht es auch um die Förderung des Engagements von Bürgerinnen und Bürgern mit Migrationshintergrund. In den beiden Projekten „SMENA" von russlanddeutschen und „PUSULA" von türkischen Mitbürgerinnen und Mitbürgern in Augsburg bringen sich diese Bevölkerungsgruppen engagiert und kompetent in die Stadtgesellschaft ein.
>
> In den letzten Jahren sind mehrere Patenprojekte (zum Teil angeregt aus Modellen anderer Städte) entstanden, unter anderem die Jobpaten, die Familienpaten, die Jugendpaten und die Sozialpaten. Allen Projekten liegen gemeinsame Standards zugrunde sowie die enge Zusammenarbeit von beruflichen und freiwilligen Mitarbeiterinnen und Mitarbeitern.
>
> Mehr Informationen unter www.buendnis.augsburg.de

6 Freiwilligen-Koordination

Die Koordination des freiwilligen Engagements ist eine Aufgabe, die fachlich und professionell durchgeführt werden muss. Wesentliche Merkmale für diese Freiwilligen-Koordination sind

- Grundentscheidung in der Organisation für die Arbeit mit Freiwilligen,
- Sicherung und Organisation der Rahmenbedingungen,
- Gewinnung und Einführung,
- Begleitung, Fortbildung, Beendigung,
- Anerkennung,

- Beendigung des Engagements,
- Evaluation des freiwilligen Engagements.

Wenn die notwendigen Rahmenbedingungen für Freiwillige ermöglicht werden, dann finden sich interessierte Bürgerinnen und Bürger zu einem Engagement bereit und werden auch im Engagement bleiben. Freiwillig Engagierte, die sich an ihrer Einsatzstelle wohl und sicher fühlen, bringen sich dann auch für die gemeinsamen Ziele ganz besonders ein.

Grundlegend ist ein Klima, das geprägt ist von gegenseitiger Wertschätzung und Anerkennung. Es führt zu einer gelingenden und fruchtbaren Zusammenarbeit, die dann für alle Beteiligten zufrieden stellend und tragfähig ist.

In einem Anforderungs- und Tätigkeitsprofil müssen die möglichen Engagementfelder aufgezeigt werden und auch Anforderungen, Rechte und Pflichten enthalten sein. Bei einem Aufnahmegespräch werden die gegenseitigen Erwartungen geklärt. Wenn sich beide Seiten, also sowohl die Einsatzstelle wie auch die/der interessierte Bürgerin/Bürger für ein Engagement entscheiden, dann sollte eine umfassende Schulung und Einarbeitungszeit geboten werden. Für den Einsatz wird eine schriftliche Vereinbarung getroffen, in der auch die Fragen der Versicherung, der Kostenerstattung, des Datenschutzes, der Fortbildung und Begleitung sowie einer Befristung des Engagements geklärt sind.

Neben der Fortbildung als einer Form der Anerkennung müssen auch andere, zum Teil individuell passende Anerkennungsformen entwickelt und durchgeführt werden. Freiwillige schätzen dabei auch, wenn es Raum für persönliche Beziehungen und Gemeinschaft sowie für die persönliche Weiterentwicklung gibt. Bei einer Beendigung des freiwilligen Engagements ist wichtig, dass ein Nachweis für die Tätigkeit angeboten wird.

Zur Unterstützung des freiwilligen Engagements bewähren sich regelmäßige Austauschtreffen der Freiwilligen zusammen mit beruflichen Mitarbeiter(inne)n. Sie dienen zur Reflexion, zur Beratung und Praxisbegleitung. Gemeinsame Dienstbesprechungen von freiwilligen und beruflichen Mitarbeiter(inne)n können darüber hinaus auch dazu dienen, Freiwillige in die alltägliche Arbeit mit einzubeziehen.

Auch in der Planung des Projektes können gerade Freiwillige ihre Ideen, ihre Kreativität und auch ihre persönlichen Beziehungen mit einbringen. Nur wer umfassend informiert ist, kann seine Kompetenzen auch entsprechend einsetzen. Deshalb sind wechselseitige, umfassende und rechtzeitige Informationen notwendig.

Exkurs 3: Sozialpaten in Augsburg

Patenprojekte können – neben der Eins-zu-eins-Begleitung – auch in anderer Form konstruiert werden. Im Sozialpaten-Projekt in Augsburg engagieren sich Freiwillige gemeinsam mit dem Amt für Soziale Leistungen für Menschen in finanziellen und sozialen Notlagen.

Das Projekt wurde konzipiert, um lange Wartezeiten in der Schuldnerberatung abzubauen, die Armutsprävention nach den SGB-Änderungen zu intensivieren, den Betroffenen sozialraumbezogene Hilfen anzubieten und um bürgerschaftliches Engagement einzubeziehen.

Ziel ist es, eine niedrigschwellige Hilfe zur Selbsthilfe für Menschen in sozialen Notlagen und finanziellen Schwierigkeiten zu bieten, die nah am Lebensumfeld der Menschen angesiedelt ist und möglichst früh greifen soll, um einer weiteren Verschlimmerung der sozialen Situation der Betroffenen vorzubeugen. Diese Hilfen erfolgen dabei als Hilfe vom Bürger für den Bürger durch freiwillig engagierte „Sozialpaten". Sie helfen „auf Augenhöhe", damit auch partnerschaftlich und nah an der Lebenswelt der Betroffenen.

In nicht städtischen Räumen wird in acht verschiedenen Stadtteilen jeweils eine wöchentliche Sprechstunde angeboten. Die freiwilligen Sozialpaten (die vielfältige Kompetenzen aus ihrer beruflichen Arbeit mitbringen) werden begleitet von erfahrenen Fallmanagern des Amtes für Soziale Leistungen, die immer im Hintergrund für die Sozialpaten zur Verfügung stehen. Hierdurch wird eine Symbiose zwischen der städtischen Verwaltung und den freiwillig engagierten Bürgerinnen und Bürgern hergestellt. Die Gewinnung, Schulung und Begleitung übernimmt das Freiwilligen-Zentrum Augsburg in enger Kooperation mit dem Amt für Soziale Leistungen.

Aufgabe der Sozialpaten ist die Klärung der aktuellen Problemlage, die Überprüfung der aktuellen Einkommenssituation, die Klärung etwaiger Möglichkeiten von weiteren sozialen Hilfen, die gemeinsame Erarbeitung eines Haushaltsplanes, die Schuldenaufstellung und die Verhandlung mit den einzelnen Gläubigern. Die Begleitung von Betroffenen geht also über die Sprechstunde weit hinaus, es werden Hausbesuche durchgeführt, Betroffene zu Ämtern, Banken und Gläubigern begleitet usw. Oberstes Prinzip ist aber die Hilfe zur Selbsthilfe, d.h. Sozialpaten erhalten keinerlei Vollmacht von den Betroffenen, sondern handeln immer nur gemeinsam mit ihnen.

7 Ziel: Solidarische Bürgergesellschaft

Ziel der Arbeit in den Freiwilligen-Zentren der Caritas ist die solidarische Bürgergesellschaft. Diese orientiert sich am Ideal einer Gesellschaft, in der sich Bürgerinnen und Bürger aktiv einbringen, in den Teilfunktionen Staat, Wirtschaft und Zivilgesellschaft gestalterisch mitwirken und dafür sorgen, dass darin „Arme und Schwache einen Platz mit Lebensperspektiven finden können (DCV-Leitbild)" (vgl. Verbund FZ, 2006).

Die Freiwilligen-Zentren der Caritas und die Freiwilligen-Agenturen unter einer anderen Trägerschaft verstehen sich als Partner der jeweiligen Fachdienste und bringen ihre Kompetenz und Erfahrung in der Freiwilligenarbeit bei Projekten mit Freiwilligen oder mit Paten ein.

Jeder Fachdienst im Migrationsbereich sollte die Bereicherung und Ausweitung der Arbeit durch den Einsatz und das Mitwirken von engagierten Bürgerinnen und Bürgern nutzen – dadurch erhöhen sich die Hilfemöglichkeiten, die Qualität der Arbeit und die Integrationserfolge.

Kontakt:
Freiwilligen-Zentrum Augsburg
Wolfgang Krell
Philippine-Welser-Straße 5a
86150 Augsburg
Tel. 0821/450422-0
Mail: krell@freiwilligen-zentrum-augsburg.de
Internet: www.freiwilligen-zentrum-augsburg.de

Literatur

DCV – Deutscher Caritasverband: Leitbild des Deutschen Caritasverbandes, Freiburg 1997, 3. Auflage 10/97
Duffy, K. in: De la Hoz, P.F.: Familienleben und Gesundheit – Aus der Perspektive der sozialen Inklusion, Materialiensammlung des Österreichischen Instituts für Familienforschung, Nr. 20, Wien 2004, S. 8
Möller, Kurt: Bürger(gesell)schaftliches Engagement als Herausforderung für Soziale Arbeit – Theoretische Grundlegungen
  In: Möller, Kurt: Auf dem Weg in die Bürgergesellschaft? – Soziale Arbeit als Unterstützung bürgerschaftlichen Engagements, Opladen 2002
Strachwitz, Rupert Graf: Bürgerschaftliches Engagement in der Zivilgesellschaft in: Sozialpädagogisches Institut im SOS-Kinderdorf e.V., Gerd Mutz (Hg.): Die Gesellschaft umbauen, München 2003, S. 19
Verbund Freiwilligen-Zentren im Deutschen Caritasverband: Selbstverständnis und Konzeption 2006, Freiburg im Breisgau 2006

ANHANG

Projekt „Jugendpaten" in Augsburg

Struktur

Das Freiwilligen-Zentrum (FZ) Augsburg besteht seit 1997 und hat sich zum Ziel gesetzt, das bürgerschaftliche Engagement in Augsburg zu fördern. Träger des FZ Augsburg ist im Rahmen des SKM – Kath. Verband für soziale Dienste die SKM gGmbH Düsseldorf.

Gemäß den Grundfunktionen der Caritas im Leitbild des DCV (Anwalt, Dienstleister, Solidaritätsstifter) versteht sich das FZ Augsburg als eine Initiative in der Funktion als „Solidaritätsstifter". Das FZ Augsburg arbeitet eng zusammen mit dem Bündnis für Augsburg, das 2002 von der Stadt Augsburg ins Leben gerufen wurde: ein Netzwerk von Stadt, Wirtschaft und Bürgerschaft zur Förderung des bürgerschaftlichen Engagements. Für den Bereich im Übergang von Schule zu Beruf und der Ausbildungsplatzsuche werden vom Stadtjugendring im Rahmen des Bündnisses für Augsburg die Jobpaten organisiert. Nachdem insbesondere die Zusammenarbeit zwischen FZ Augsburg und dem Amt für Soziale Leistungen im Projekt der Sozialpaten sehr erfolgreich war, wurde von der ARGE für Beschäftigung angeregt, auch ein Patenprojekt für U25-Arbeitslose gemeinsam mit ihnen zu organisieren.

Im Rahmen dieser Paten- und Freiwilligenprojekte stehen das FZ Augsburg und das Bündnis für Augsburg auch für die notwendige Qualität bei den Rahmenbedingungen für das bürgerschaftliche Engagement und eine professionelle Freiwilligen-Koordination.

Nach mehreren Konzeptionsgesprächen im Sommer 2005 startete das „Jugendpaten"-Projekt im Januar 2006.

Zielgruppe

Zielgruppe des „Jugendpaten"-Projektes sind junge Arbeitslose unter 25 Jahren (U25), die Leistungen nach dem SGB II bei der ARGE für Beschäftigung erhalten. Sie haben oft keinen oder nur einen geringen Schulabschluss, gar keine oder nur eine abgebrochene Berufsausbildung, dazu kommen noch vielfältige soziale und psychische Probleme (schwierige Familienverhältnisse, Migrationshintergrund, Suchtabhängigkeit, usw.)

Das Projekt startete Anfang 2006 mit zwei Vollzeit-Mitarbeiterinnen im FZ Augsburg, die für 10 Monate befristet waren und mit der Entgeltvariante von der ARGE für Beschäftigung gefördert wurden. Sie wurden unterstützt von einer Arbeitsgruppe mit Vertreterinnen und Vertretern der ARGE, des FZ Augsburg, des Bündnisses für Augsburg und des Allgemeinen Sozialdienstes der Stadt Augsburg. Im Rahmen der Aufteilung Augsburgs in vier Sozialregionen wurde das Projekt in einer Sozialregion gestartet und dann Zug um Zug in die anderen Sozialregionen ausgeweitet.

Inhalte

Arbeitsschwerpunkt im Projekt ist die persönliche Begleitung von U25-Arbeitslosen durch freiwillig engagierte Paten, die „Jugendpaten" genannt wurden. Im Rahmen des Projektes geht es also vor allem um die Gewinnung, Schulung und Begleitung von interessierten Bürgerinnen und Bürgern für den freiwilligen Einsatz. Von der ARGE werden dann U25-Arbeitslose an die Jugendpaten vermittelt. Die Jugendpaten begleiten die betroffenen jungen Menschen für einen befristeten Zeitraum von ca. 6 Monaten.

Ziel des Projektes ist es, jungen Menschen unter 25 Jahren, die noch nicht gearbeitet haben und denen oft Schul- und Berufsausbildung fehlt, von Freiwilligen eine vielseitige Unterstützung anzubieten und Jugendlichen die Möglichkeit zu geben, ihr eigenes Leben in den Griff zu bekommen. Jugendpaten zeigen jungen Menschen Wege auf, ihre derzeitige Lebenssituation zu verbessern und unterstützen sie bei der Bewältigung von Alltagsproblemen. Es soll eine gute Basis geschaffen werden, um in einem nächsten Schritt evtl. in eine Maßnahme zu gelangen und später einen Ausbildungs- oder Arbeitsplatz zu erlangen.

Dabei geht es nicht darum, die Arbeit der zuständigen Ämter und Fachberatungsstellen zu ersetzen, sondern auf einer anderen, persönlichen Ebene Hilfestellung bei Alltagsproblemen zu geben: vom Bürger für Bürger.

In einem Einführungskurs werden den interessierten Bürgerinnen und Bürgern Grundkenntnisse über die Problemlage in Augsburg, die Lebenslage von arbeitslosen Jugendlichen und ihren Familien und ihre Rolle als Freiwillige vermittelt. Als Referenten stehen Mitarbeiterinnen und Mitarbeiter des Allgemeinen Sozialdienstes und der ARGE für Beschäftigung zur Verfügung.

Konkret geht es in dieser Begleitung durch die Paten um

- Klärung der Ausgangssituation: finanzielle Lage, Schulabschluss,
- Bewerbungen bei Arbeitgebern, soziale Kontakte (Familie, Gleichaltrige etc.),
- Klärung der persönlichen Ressourcen und Kompetenzen,
- Klärung der Ziele, die der Jugendliche für sich sieht,
- Unterstützung bei der Erreichung dieser Ziele (z.B. Austausch über Vorgehensweisen, Hilfe bei Behördengängen, Vermittlung an Fachberatungsstellen).

In den gemeinsamen Kontakten ist es notwendig, einerseits Verständnis und „Wärme" für den Jugendlichen aufzubringen, andererseits ihm aber auch deutlich zu machen, wo Schwierigkeiten und Grenzen erkannt werden. Auch die eigenen Grenzen als Jugendpate müssen deutlich gemacht werden.

Voraussetzungen für den Einsatz als Jugendpate sind Lebenserfahrung und Berufserfahrung im Bereich Erziehung bzw. Ausbildung, idealerweise auch Kontakte zu Firmen und Unternehmen sowie Interesse an neuen Kontakten, auch zu Bürgerinnen und Bürgern mit sozialen und persönlichen Problemen. Wichtig ist Toleranz im Umgang mit anderen Menschen. Der zeitliche Rahmen liegt bei ca. 2–4 Stunden in der Woche. Die Treffen finden in öffentlichen Räumen statt, z.B. Jugendzentren, Freiwilligen-Zentrum usw. Die Freiwilligen sind über das FZ Augsburg versichert. Eine kontinuierliche Begleitung erfolgt über das FZ Augsburg, das auch regelmäßig zu monatlichen Austauschtreffen einlädt.

Der Betreuungszeitraum beträgt in der Regel drei Monate, kann aber auf sechs Monate und mehr verlängert werden. Er wird nach gemeinsamer Absprache des Jugendpaten mit dem/der Jugendlichen festgestellt. Eine vorzeitige Beendigung der Patenschaft von Seiten des Paten ist jederzeit nach Rücksprache mit dem FZ möglich, von Seiten des/der Jugendlichen nach Rücksprache mit dem zuständigen Vermittler bzw. Fallmanager der ARGE für Beschäftigung.

Die ARGE für Beschäftigung sucht aus ihrem Kundenkreis mögliche Fälle und bietet das Angebot der Jugendpaten an. Der Jugendpate wird von der ARGE über die Ausgangsproblematik informiert. Bei den ersten Treffen geht es um ein gemeinsames Kennenlernen und Klärung der Ressourcen und Ziele. Diese Inhalte und die weiteren Schritte werden dokumentiert. Am Ende der Betreuungsphase machen die Jugendpaten einen Abschlussbericht, der sowohl an das FZ Augsburg wie an die ARGE geht. Die Jugendlichen füllen einen Fragebogen aus, um Zustimmung und Kritik zu erfragen.

Finanzierung

Für die Personalkosten der Projektleitung im FZ kam die ARGE für Beschäftigung auf (nur befristet!), die Sachkosten übernimmt das Amt für Soziale Leistungen der Stadt Augsburg im Rahmen des SGB II § 16 (2).

An die Freiwilligen werden nur Unkosten (Fahrtkosten, Telefon, Porto usw.). erstattet, es gibt keine Aufwandspauschalen oder Stundenpauschalen für die aufgewendete Zeit. Schulung, Versicherung, Unkosten und Begleitung werden über die Sachkosten und dem FZ als Träger gedeckt.

Erfahrungen

Die Grundkonstruktion des „Jugendpaten"-Projekts folgt anderen, bereits erfolgreichen Patenprojekten in der Stadt Augsburg. Aufgrund der Erfahrungen in anderen Patenprojekten soll der Zugang zu den Jugendpaten noch offener gestaltet werden. Die Fallvermittlung lief allein durch die ARGE für Beschäftigung. Es hat sich im Projekt aber gezeigt, dass Jugendliche sich selbst melden und Interesse zeigen wie auch, dass Eltern anrufen und für ihr Kind einen Jugendpaten wünschen. Aus diesem Grund ist für die Weiterführung geplant, offene Sprechstunden in Jugendzentren abzuhalten, so dass Jugendliche direkt in das Projekt kommen bzw. Eltern oder Jugendliche sich auch direkt melden können. Mit der Vermittlung allein durch die ARGE ist man abhängig von der Behörde und vor allem von der Unterstützung und dem Wohlwollen jedes einzelnen Fallmanagers.

Alle Beteiligten sehen den Verlauf des Projektes als positiv an. Im direkten Verhältnis von Jugendlichen und Jugendpaten dauert es aber einige Wochen, bis ein Vertrauensverhältnis entsteht. In einigen Fällen kommt auch keinerlei Kontakt zustande. Kritische Punkte im Verhalten der Betroffenen sind die Wahrnehmung ihrer Probleme, die häufige Verdrängung dieser Schwierigkeiten, die notwendige Kontinuität im Erreichen von Zielen und die Zuverlässigkeit. In der Entwicklung des Projektes wurde aber deutlich, dass die betreuten Jugendlichen immer offener und motivierter wurden. Die meisten Jugendlichen erkennen oft erst nach einer Anlaufphase, dass sie und ihre Probleme von den Jugendpaten tatsächlich ernst genommen werden und diese Form der unabhängigen Begleitung eine Chance bedeutet.

Erfolge

Ziel des Projekts ist es, jahrzehntelange Versäumnisse in der sozialen Entwicklung der Jugendlichen Schritt für Schritt herauszuarbeiten und aufzuholen. Das Hauptaugenmerk liegt darauf, durch kleine Schritte eine Basis zu schaffen, damit sich der/die Jugendliche selbst einen Arbeits- oder Ausbildungsplatz suchen kann.

Da die Ausgangssituation sowohl der Jugendlichen wie auch der Paten in jedem Betreuungsfall anders ist, ist es schwierig, Erfolge an allgemein quantifizierbaren Zielen festzumachen – in jedem einzelnen Fall sehen die Erfolge anders aus. Bei der Zielgruppe der U25-Arbeitslosen ist es u.U. bereits ein großer Erfolg, wenn sich ein Jugendlicher von sich aus zum Vorbereitungskurs für den QA anmeldet und diesen über einen längeren Zeitraum hinweg pünktlich und regelmäßig besucht. Vermittlung in Arbeit sind zwar eine willkommene, aber eher nicht zu erwartende Ausnahme: einzelnen Jugendpaten ist dies aber auch gelungen.

Ausblick

Durch die kurze Befristung der Stellen für die beruflichen Mitarbeiter(innen) und einer fehlenden Finanzierungsmöglichkeit, diese Mitarbeiter(innen) weiter beschäftigen zu können, kam es im Jahr 2007 zu einem befristeten Stopp im „Jugendpaten"-Projekt. Die bisher gewonnenen Erfahrungen und Kritikpunkte wurden in einer gemeinsamen Arbeitsgruppe mit der ARGE für Beschäftigung noch einmal neu bewertet.

Die Weiterführung ist geplant in einer noch engeren Anbindung mit den Angeboten der „Pro-Jugend"-Initiative der ARGE, der Stadt und freier Träger, die seit 2005 eine beruflich organisierte Unterstützung für U25-Arbeitslose bieten. Die vier Pro-Jugend-Träger garantieren den Einsatz von Freiwilligen als „Jugendpaten" in ihrer Pro-Jugend-Region in allen Arbeitsbereichen des Pro-Jugend-Projektes. Jugendpaten unterstützen U25-Arbeitslose in Form einer persönlichen Begleitung, sie ersetzen dabei nicht die berufliche Arbeit der Pro-Jugend-Träger, sondern helfen auf gleicher Augenhöhe „von Bürgern für Bürger". Das Freiwilligen-Zentrum ist dann im Auftrag des Bündnisses für Augsburg zuständig für die Qualitätssicherung in der Freiwilligen-Koordination, die Fachberatung der Freiwilligen-Koordinatoren bei den Pro-Jugend-Trägern, für die Gewinnung und Schulung der interessierten Bürgerinnen und Bürger, die Jugendpaten werden möchten.

Anspruchsvolles Ziel ist es, die beruflichen und freiwilligen Angebote für U25-Arbeitslose zu vernetzen und dabei auch eine Kooperation aller in Augsburg aktiven Partner für den Gesamtbereich des Übergangs von Schule in den Beruf zu starten (d.h. von der Berufsberatung in den Schulen, der Ausbildungsplatzsuche bis zu den Fördermaßnahmen für U25).

Grundlagen und Wirkung von Patenschaftsprogrammen

Dominik Esch

1 GRUNDLAGEN

Die Veranstalter der 12. Honnefer Migrationstage 2007 haben eine eindeutige Terminologie getroffen, in dem sie unterschiedslos von *Patenschaften* als ein Modell des bürgerschaftlichen Engagements sprechen. Indes konkurrieren die Begriffe Patenschaft, Mentoring und Tutoring um die Beschreibung dessen, was in Eins-zu-eins-Beziehungen in der sozialen Arbeit und im bürgerschaftlichen Engagement geschieht. Es gibt Definitionsschwierigkeiten und -überschneidungen zwischen den Begriffen Patenschaft, Mentoring und Tutoring, die ich zugegebenermaßen mit Hilfe des Online-Lexikons Wikipedia differenzierter darstelle:

1.1 Patenschaft

Als Patenschaft wird die freiwillige Übernahme einer Fürsorgepflicht bezeichnet. Eine Patenschaft unterscheidet sich von einer Partnerschaft darin, dass die beiden Teilnehmer nicht gleiche Rechte und Pflichten besitzen, sondern eine einseitige Fürsorgeaufgabe wahrgenommen wird. Gleichwohl entwickeln sich aus einem anfänglich einseitigen Interesse in der Tat gleichberechtigte persönliche Freundschaften. Das vielleicht bekannteste Beispiel ist die Taufpatenschaft, welche besonders in früheren Jahrhunderten eine sehr wichtige soziale Rolle besaß und vielerorts auch noch heute besitzt. Der Begriff Patenschaft hat heute eine sehr vielseitige Bedeutung erlangt. Im kulturellen und politischen Bereich gibt es Städtepatenschaften und Namenspatenschaften, im Umweltbereich gibt es finanzielle Patenschaften für neu gepflanzte Bäume oder für Tiere, die vom Aussterben bedroht sind. Besonders vielseitig sind die Formen im humanitären Bereich. Sie gruppieren sich um zwei verschiedene Konzepte:

– die internationale Patenschaft, wobei eine oder mehrere Personen aus wohlhabenderen Ländern eine oder mehrere Personen aus ärmeren Ländern vornehmlich finanziell unterstützen;

- die örtliche Patenschaft, bei der ehrenamtliche Paten eine bedürftige Person aus der weiteren Nachbarschaft regelmäßig durch einige Stunden Zuwendung unterstützt."[1]

Der Förderverein Patenschaften-Aktiv e.V.[2] kategorisiert Patenschaftsprogramme nach den Adressaten, die von den Programmen primär profitieren: Familienpatenschaften, Kinderpatenschaften, Lernpatenschaften und Jobpatenschaften. Der Verein dokumentiert auf seiner Internetdatenbank ohne Anspruch auf Vollzähligkeit für Deutschland 307 Patenschaftsprogramme aus den genannten Bereichen.

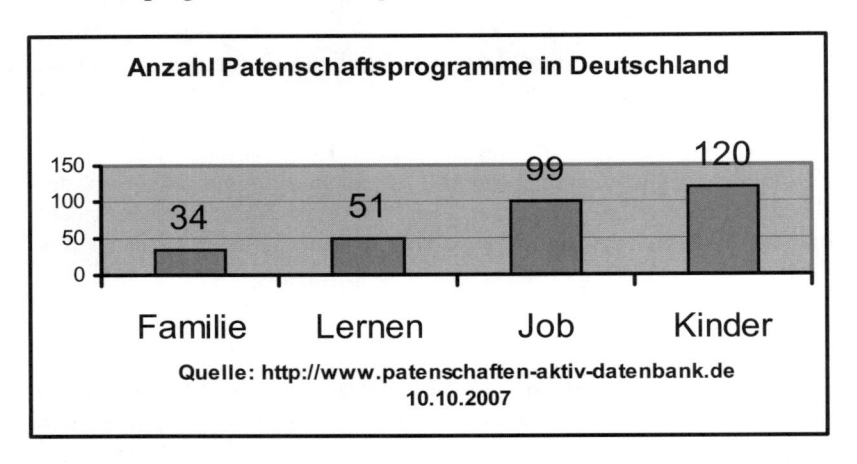

Anzahl Patenschaftsprogramme in Deutschland

Familie	Lernen	Job	Kinder
34	51	99	120

Quelle: http://www.patenschaften-aktiv-datenbank.de
10.10.2007

1.2 Mentoring

„Als Personalentwicklungsinstrument, insbesondere in Führungskreisen, aber auch bei privaten Beziehungen bezeichnet Mentoring die Tätigkeit einer erfahrenen Person (Mentorin bzw. Mentor), die ihr Wissen und ihre Fähigkeiten an eine noch unerfahrene Person (Mentee oder Protegé) weitergibt. Ziel ist, den Mentee in seiner persönlichen oder beruflichen Entwicklung innerhalb oder außerhalb des Unternehmens (z.B. auch im Glauben oder der Spiritualität) zu fördern.

Allgemein bezeichnet das Wort „Mentor" die Rolle eines Ratgebers. Mentor war ursprünglich in der griechischen Mythologie der Freund des Odysseus und Erzieher von dessen Sohn Telemach)."[3] „Nachdem

---

[1] http://de.wikipedia.org/wiki/Patenschaft, Zugriff am 8. Oktober 2007.
[2] www.patenschaften-aktiv.de.
[3] http://de.wikipedia.org/wiki/Mentoring#Formen_des_Mentoring, Zugriff am 10. Oktober 2007.

Odysseus in den Trojanischen Krieg gezogen ist, nimmt die ihm wohlgesinnte Göttin Athene von Zeit zu Zeit die Gestalt Mentors an, um über Telemach zu wachen. Mentor hat daher im Epos sowohl männliche als auch weibliche Eigenschaften, was auf eine intensive und vielschichtige Beziehung zwischen ihm und seinem Schützling hindeutet."[4]

In der gegenwärtigen Diskussion ist Mentoring ein positiv besetzter Begriff. In Ergänzung auch zu meiner positiven Einstellung zum Mentoring möchte ich auf Vertreter einer kritischen Betrachtung des Mentorings aufmerksam machen, die John C. Hall publiziert hat.[5]

Im Gegensatz zur modernen Interpretation des erfolgreichen Lehrers des Telemachos, sei Mentor in der Originalversion des Homer im höchsten Maße erfolglos als Berater und Beschützer gewesen. Helen Colley, Education and Social Research Institute der Manchester Metropolitan University unterstellt, dass die moderne freundliche und beschützende Interpretation des Mentors Partikularinteressen innerhalb der bestehenden gesellschaftlichen Ordnung unterstützen würde: „... this is more than historical interest as it clarifies some of the ideological assumptions behind modern uses of the term mentoring and reveals the way that it is used to manipulate and controll both the young people beeing mentored and their mentors" (Colley 2001[6]).

Ferner sei verwiesen auf die Studien von Gulam und Zulfiquar (1998)[7], die die enge Verbindung zwischen Mentoring und der Geschäftswelt hinterfragen: „The authors note that mentoring is an essentially conservative enterprise which tends to reproduce the status quo – what we will get is the same as before – no more than the reproduction of a given paradigma."

Meine Erfahrung von Mentoring- und Patenschaftsprogrammen in Deutschland deckt sich jedoch nicht mit dieser gesellschaftskritisch motivierten Skepsis!

---

[4] http://de.wikipedia.org/wiki/Mentor_%28Mythologie%29, Zugriff am 10. Oktober 2007.
[5] Vgl. Hall, John C. (2003): Mentoring and Young People. A literature review. Verfügbar auf www.scre.ac.uk/resreport/pdf/114.pdf, Zugriff am 12. März 2008.
[6] Colley, Helen (2001): Righting rewritings of the myth of mentor. A critical perspective on career guidance mentoring, British Journal of Guidance & Counselling, 29 (2), 177–197.
[7] Gulam, W.A. und Zulfiquar, M. (1998) Mentoring: Dr. Plum's elixier and the Alchemist's stone, Mentoring & Tutoring, 5 (3), 39–45, zitiert nach Hall (2003), dort Seite 10.

1.3 Tutoring

Die Bedeutung des Begriffes leitet sich aus dem Lateinischen, *tutela*, der Vormundschaft (von „tueri", schützen) ab. Im römischen Recht ist der Tutor der Vormund von Personen, denen die Rechtsordnung, keine selbstständige Handlungsfähigkeit zugesteht: tutor impuberum für unmündige Jungen unter 14 Jahren, Mädchen unter 12 Jahren, der tutor mulieris für Frauen.

Tutoring ist eine Form der Lernförderung, die vornehmlich innerhalb von Bildungseinrichtungen organisiert ist. In Schulen werden Schüler aus höheren Klassenstufen dazu eingesetzt, vor allem den jüngsten Schülern den Einstieg in die neue Schulart zu erleichtern und eine Klassengemeinschaft aufzubauen. Dazu werden sie oftmals in Seminaren speziell auf ihre Aufgaben in den Bereichen Konfliktlösung, Umgang mit Kindern und Didaktik vorbereitet. Vielfach werden die Tutoren aber auch als Hausaufgabenhilfe eingesetzt. An Fachhochschulen und Universitäten übernehmen studentische Tutoren allgemeine und fachspezifische Einführungsveranstaltungen für neu eingeschriebene Studierende. Sie führen in die Organisation des Studiums ein oder bieten zum Beispiel bereits Sprachkurse oder andere propädeutische Seminare an.[8]

1.4 Zusammenfassung

Die Abgrenzungen zwischen den Begriffen sind nicht so eindeutig, wie die Tabelle es anzeigt. Sehr wohl ist jedoch eine Tendenz zu sehen, dass Patenschaften eher im privaten Umfeld beheimatet sind und Mentoring und Tutoring eher mehr mit Beruf und Ausbildung zu tun haben.

	Patenschaft	**Mentoring**	**Tutoring**
Sektor	Familie, Kinder, Privates Lebensumfeld	Job, Beruf, Karriere, teilweise Studium	Lernen, Schule, Ausbildung

Ich persönlich ordne zum Beispiel „Balu und Du" den Begriffen Patenschaft zu, weil hier eine Beziehung in die private alltägliche Lebenswelt von einem Kind und einer Ehrenamtlichen organisiert wird. Gleichzeitig wiesen die israelischen Partner darauf hin, dass sie eine solche Beziehung als Mentoring definieren. Die englischsprachige Literatur definiert Kinderpatenschaftsprogramme als Mentoring, wenn nicht das for-

---

[8] Vgl. http://de.wikipedia.org/wiki/Tutor, Zugriff am 10. Oktober 2007.

male Lernen im Sinne einer Hausaufgabenhilfe im Vordergrund steht – das wäre dann Tutoring.

Die begriffliche Unklarheit bietet die Chance, je nach Kontext von Paten, Mentoren oder Tutoren zu sprechen. In der Praxis von Patenschaftsprogrammen kommt es darauf an, dass interessierte Ehrenamtliche spüren und verstehen, worum es geht: eine kirchlich sozialisierte Person wird sich möglicherweise eher vom Begriff Pate ansprechen lassen, Berufstätige werden eher mit dem Begriff Mentoring etwas anfangen.

2 Wirkungen

Die Wirksamkeit von Patenschaftsprogrammen wird anhand der Patenschaftsprogramme „Biffy" und „Balu und Du" beschrieben, weil diese Programme Evaluationen veröffentlicht haben.

2.1 Kindern zuhören

Die Evaluation des Patenschaftsprogramms Biffy bestätigt, „dass einem Menschen zugehört wird, ist ein Schlüsselelement einer guten Beziehung. Das spiegelt sich auch in den Ergebnissen der vorliegenden Befragung. Für 70% der Kinder/Jugendlichen ist es wichtig, dass ihr Pate/ihre Patin ihr/ihm zuhört.

Die zuhörenden Paten sind reale Kommunikationspartner, die anders als Fernseher oder Playstation mitdenken und mitreden. Sie stillen das Bedürfnis nach Zuwendung und lebendigem Austausch über alltägliche und/oder belastende Situationen.

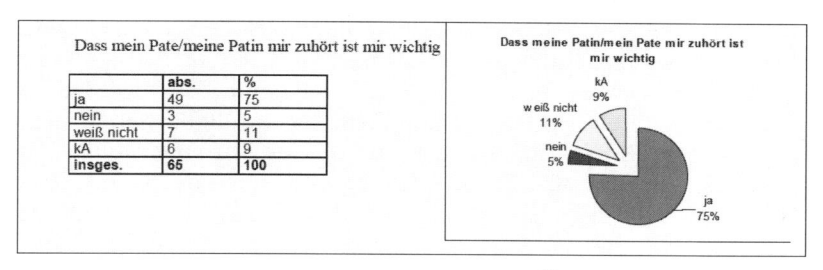

Dass mein Pate/meine Patin mir zuhört ist mir wichtig		
	abs.	%
ja	49	75
nein	3	5
weiß nicht	7	11
kA	6	9
insges.	65	100

Dass meine Patin/mein Pate mir zuhört ist mir wichtig: ja 75%, nein 5%, weiß nicht 11%, kA 9%

Quelle: http://www.biffy.de/downloads/bericht_kinder.pdf[10]

Dieses Evaluationsergebnis von „Biffy" korrespondiert mit dem weiter unten dargestellten Ergebnis der Evaluation von „Balu und Du" zur gesteigerten Kommunikationsfreude der Kinder: Wem zugehört wird, hat auch mehr zu erzählen!

2.2 Zuversicht vermitteln

Knapp ein Drittel der befragten Teilnehmer am Patenschaftsprogramm „Biffy" bringen verbesserte Schulleistungen in Verbindung mit der Patenschaft, einige haben mehr Verständnis für ihre Mitmenschen entwickelt und kommen mit Konflikten besser zurecht. Optimistisch in die Zukunft schauen ist ein wesentlicher Bestandteil der Lebensqualität – 22 % der Kinder/Jugendlichen sehen unterstützt durch die Patenschaft mit mehr Zuversicht in die Zukunft"[9].

	abs.	% von 65
trau mir mehr zu	25	38
kann mich selbst besser leiden	19	29

	abs.	% von 65
Komme besser mit Eltern zurecht	9	14
Komme besser mit Geschwistern zurecht	13	5
Komme besser mit Freunden zurecht	5	27

	Abs.	% von 65
besser in der Schule	20	31
mehr Verständnis für Mitmenschen	18	28
Komme besser mit Konflikten zurecht	18	28
mehr Zuversicht in die Zukunft	14	22

Quelle: http://www.biffy.de/downloads/bericht_kinder.pdf

2.3 Kulturen verbinden

Die Bedeutung von Patenschaftsprogrammen für die Integration der verschiedenen Kulturen in Deutschland wird aktuell von der Integrationsbeauftragten der Bundesregierung durch die Einrichtung eines „Netzwerk Bildungs- und Ausbildungspatenschaften für Migrantinnen und Migranten"[10] betont. Im Patenschaftsprogramm „Balu und Du" ist bereits die kulturelle Herkunft der Teilnehmer sowohl bei den Kindern als auch bei den Mentorinnen und Mentoren vielfältig. Den Organisatoren wurde erst im Laufe der Entstehungsgeschichte deutlich, welche Chancen sich für die Integration von Kindern und Paten mit nichtdeutscher Herkunft bieten.

---

[9] http://www.biffy.de/downloads/bericht_kinder.pdf, dort Seite 12, Zugriff 11. März 2008.
[10] http://www.dbjr.de/uploadfiles/34_2382_Bericht%20f%C3%BCr%20Migration_071219.pdf, dort Seite 26, Zugriff am 13. März 2008.

Eine Analogie, die die Chance der Verschiedenartigkeit verdeutlicht: Aus dem katholischen Ehekirchenrecht ist der Begriff der konfessions*verschiedenen* Ehen bekannt. Mittlerweile hat sich aber auch der Begriff der konfessions*verbindenden* Ehen etabliert. Damit wird die produktive Kraft von Ehen betont, bei denen die Herkunftskonfession der Ehepartner unterschiedlich ist. In ähnlicher Weise verwende ich den Begriff kulturverbindende Patenschaften für Balu und Du. In annähernd der Hälfte aller Balu-Gespanne haben das Kind und die Patin verschiedene Herkunftskulturen. 54 % sind rein deutsch-deutsche Paare.

2.4 Integration umfassend gestalten

Nach Ende des Projektzeitraums von einem Jahr geben die Lehrerinnen und Lehrer eine Beurteilung über die Entwicklung des bei „Balu und Du" teilnehmenden Kindes – die sogenannten OSKAR-Skalen. Die Frage nach Integration – die Ausgangswerte und die Verbesserungen – bezieht sich im Präventionsprogramm „Balu und Du" nicht nur auf Kinder mit Migrationshintergrund. Zwar haben nicht wenige der Kinder aus Zuwandererfamilien Probleme damit, durch freundschaftliches Geplauder Teil der Kindergruppe oder Klassengemeinschaft zu werden, es betrifft diese aber nicht allein. Deshalb war es eine wichtige Frage, ob es gelingt, marginalisierte Kinder zu integrieren. Schließlich war nicht ohne weiteres auszuschließen, dass die Bindung an einen jungen Erwachsenen – den „Balu" – unerwünschterweise zu einer Entfremdung von den Mitschülern führen könnte. Diese Befürchtung traf jedoch, wie die Grafik zeigt, nicht ein.

Das Cluster besteht nur aus 3 Dimensionen, deren Veränderung allerdings eine sehr hohe Ausprägung zeigt. Gerade die Integration in die Pausengruppe und in die soziale Umgebung gelingt im Projekt „Balu und Du" ausgesprochen gut.

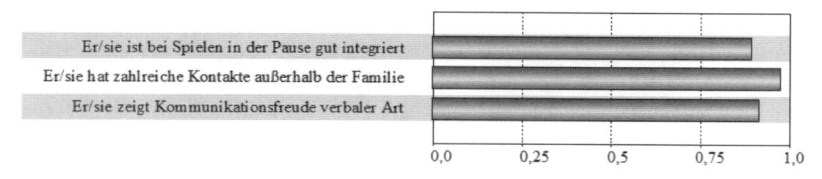

	0,0	0,25	0,5	0,75	1,0
Er/sie ist bei Spielen in der Pause gut integriert					
Er/sie hat zahlreiche Kontakte außerhalb der Familie					
Er/sie zeigt Kommunikationsfreude verbaler Art					

Effektstärken im Cluster „Integration". d = 0,90 bis 0,98

Pausenintegration:

Nicht selten sind unsere „Moglis" zu Beginn des Projekts Außenseiter. Eine Randposition im sozialen Feld kann zu weiterem Rückzug mit all seinen fatalen Konsequenzen führen: Die dialogischen Kompetenzen werden nicht entwickelt, die vielleicht schon geringen sozialen Fähigkeiten entwickeln sich nicht in der Kindergruppe weiter. Früher wurden Einzelgänger vielleicht Leseratten. Heute ist die Wahrscheinlichkeit groß, dass sie zu viel Zeit am Bildschirm verbringen – mit den bekannten negativen Folgen. Diese Dimension wird durch die Teilnahme am Projekt „Balu und Du" sehr positiv beeinflusst. Am Ende des Projektjahres sind die „Moglis" meistenteils gut integriert. Wie wir aus Interviews mit Lehrerinnen und Lehrern wissen, hängt das auch damit zusammen, dass die Kinder etwas zu erzählen haben, dass sie für andere „interessant" geworden sind (Effektstärke d = 0,90).

Kontakte zum sozialen Umfeld (außerhalb der Familie):

Diese Dimension wurde in die Evaluation aufgenommen, weil sich zeigte, dass zahlreiche „Moglis" kaum aus ihren eigenen 4 Wänden herauskommen. Wenn dies verbunden ist mit kulturellen und sozialen Normen, die für ein erfolgreiches Leben wenig förderlich sind (z.B. unfreundliche Kommunikation, knappe Dialoge im Befehlston, ausschließlich nicht-deutsche Muttersprache, viel Zeit vor dem Bildschirm, …) so ist es wünschenswert, dass diese Kinder auch andere Umgangsformen und Lebensstile kennen lernen. Erstaunlicherweise ist es gerade dieser Aspekt, der die größte Veränderung unter den 24 untersuchten Dimensionen erbringt. Aus Sicht der Lehrerinnen und Lehrer haben die Kinder Anschluss gefunden an Freunde und Bekannte außerhalb der Familie. Wir halten das für einen wichtigen Indikator für Integration. Die Kinder sind aus ihren mentalen Ghettos herausgekommen. So kann das Leben in einer Parallelwelt schon im Kindesalter vermieden werden (Effektstärke d = 0,98).

Verbale Kommunikationsfreude:

Kommunikationsfreude ist ein Feld, das aus Perspektive der Prävention eine wichtige Funktion hat. Wer nicht gern redet, seine Sicht der Dinge nicht einbringt, nicht im Small-talk dabei ist oder nicht fragen und antworten will beziehungsweise kann, der oder die ist leicht Außenseiter – und statt zu reden wird dann u.U. anderweitig kurzer Prozess gemacht. Miteinander reden bedeutet soziale Kontakte anzuknüpfen oder zu pflegen und darauf aufbauend soziale Kompetenzen zu erlangen. Die überaus positive Entwicklung dieser Fähigkeit kann man deshalb als wichtigen Beitrag zum Gelingen der Prävention betrachten (Effektstärke d = 0,92).

2.5 Helferrückwirkung

Die bisherigen Erfahrungen bestätigen in zweierlei Hinsicht die Sinnhaftigkeit dieses Mentorenprogramms: Zum einen können wir davon ausgehen, dass die Kinder von dem Programm profitieren. Aber nicht nur die Kinder profitieren von dem Programm, sondern auch die Mentorinnen und Mentoren, was folgende Tagebuchauszüge belegen:

„Adriana und ich haben jeweils in der anderen einen tollen Gesprächspartner gefunden und fühlen uns schon als beste Freundinnen. Das Projekt hat, denke ich, auch mir sehr viel gebracht. Und Adriana kann nun viel offener auf andere Menschen zugehen und sich auch mit Problemen konfrontieren. Am Anfang hatte sie so gut wie keine Freunde, woran sie auch sehr schwer zu knabbern hatte. Heute finde ich, scheint sie schon viel offener als ich selbst. Sie ist wirklich zu beneiden. Nachdem ich mit Adris Lehrerin telefoniert habe, scheint sie auch sehr engagiert in der Schule und ihre schulischen Leistungen sind ganz toll."

Sheila, Abschlussbericht

Abschließend bleibt zu den zwei Semestern im Mentorenprogramm „Balu und Du" zu sagen, dass sich auf jeden Fall eine freundschaftliche Beziehung zwischen mir und meinem Mogli entwickelt hat. Jedes Mal wenn ich ihn abgeholt habe, sah ich in ein freudiges Gesicht, was mich selbst ebenfalls zufrieden stellte. Rückblickend konnte ich, wenn oft auch nur kleine, Erfolge im informellen Lernen meines Moglis erkennen (Er kann z.B. Termine besser einhalten, kann mit einem Stadtplan umgehen, führt mit mir auch mal ein längeres Gespräch, hat Vorurteile gegenüber Kindern mit anderem ethnischen Hintergrund abgebaut, kommt überhaupt mit andern Kindern besser klar). Auch Krisensituationen bewältigten wir gemeinsam. Die Tagebucheinträge, die Treffen mit dem Mogli und die gemeinsamen Seminare mit anderen Balus ermöglichten mir eine Selbstreflexion meines eigenen Handelns. Daraus resultierte eine Persönlichkeitsentwicklung meinerseits, geprägt durch die Verantwortung und eben die intensive Auseinandersetzung mit meinem Mogli. Unsere Beziehung wurde immer inniger und vertrauensvoller, so dass wir unsere gewonnene Freundschaft in Zukunft auf jeden Fall aufrechterhalten wollen."

Martina, Balu

2.6 Erklärungshinweise für die Wirksamkeit von Patenschaftsprogrammen

Wenn ein Patenschaftsprogramm wie „Balu und Du" bei 24 geprüften Verhaltensdimensionen (OSKAR-Skalen) 19 mal deutliche Effekte in die gewünschte Richtung aufweist – davon 4-mal „hohe Effektstärken" – sollte man Überlegungen anschließen, wie diese Ergebnisse zustande kommen.

Darüber können die Tagebücher der „Balus" Aufschluss geben. Die Mentorinnen und Mentoren schreiben wöchentlich per E-Mail Berichte an die Projektleitung über den Verlauf der Treffen: Was haben die beiden unternommen, was ist gelungen, wo gab es Schwierigkeiten oder Hindernisse, was hat „Mogli" Neues erfahren u.ä. Diese Texte enthalten viele Anregungen für die Fortentwicklung des Projekts „Balu und Du" und sind natürlich auch nützlich für die Evaluation.

Erste Hinweise auf den Gehalt der Treffen, die Dialoge, die Aktivitäten und Erlebnisse gibt eine Zusammenstellung dessen, worüber die „Balus" in ihren Tagebüchern quantitativ am meisten berichten.

Den breitesten Raum nehmen die Berichte über die Erörterungen von Normen, Werten und Maßstäben ein. Diese Gespräche zwischen „Mogli" und „Balu" haben ihren Anlass in alltäglichen Begebenheiten, etwa wenn die kulturelle Vielfalt von Straßenpassanten in der Innenstadt auffällt und thematisiert wird oder wenn die beiden feststellen, dass sie unterschiedliche Musik bevorzugen.

Bereits an zweiter Stelle zeigte sich die „Arbeit" am Phänomen des Entscheidens. Vielen „Moglis" fällt es zu Beginn des Projektjahres schwer, eine Entscheidung in alltäglichen Dingen zu treffen. „Weiß nicht" – oder „ist egal" sind Antworten, die die „Balus" oft auf simple Fragen hören, wenn es z.B. darum geht, wie die Pizza belegt werden soll.

Es folgen (in der Reihenfolge der Häufigkeit, mit der das Thema im Tagebuch angesprochen wird): Ausdifferenzierung der verbalen Kommunikation, Entwicklung motorischer Kompetenzen, Verständnis für Naturphänomene, Hebung des allgemeinen Aktivitätsniveaus, Medienkompetenz, gesunde Ernährung, Verantwortungsübernahme.

Die Häufigkeit des Auftretens dieser Themen sollte nicht verwechselt werden mit hoher Wirksamkeit; eher handelt es sich dabei um schwieriges pädagogisches Feld, das es zu bestellen gilt. Am Beispiel der Kompetenz zur „mündlichen Ausdrucksfähigkeit" lässt sich das zeigen. In den Tagebüchern erscheint dieses Thema an dritter Stelle, die Effektstärke ist – trotz der offensichtlichen Bemühungen der „Balus" – nur d = 0,38! Aber die Freude an verbaler Kommunikation wurde deutlich gesteigert (d = 0,92).

2.7 Ausblick

Aus der Erkenntnis heraus, dass sich lebensweltliche Bereiche stärker einer empirischen Erforschung und Erfassung entziehen, suchte ich nach qualitativen Maßstäben zur Überprüfung und zum Verständnis der Wirkung des Mentorenprogramms „Balu und Du". Bei der Suche stieß ich auf Martin Buber.

Der Religionsphilosoph Martin Buber (1878–1965)[11] veröffentlichte 1962 mit dem Buch „Das dialogische Prinzip" eine Sammlung von Texten, die ihre Wurzeln in seinem von Chassidismus geprägten jüdischen Glauben haben. Kernpunkt seiner Anschauung ist die enge Verbundenheit der Beziehungen zu Gott mit der Beziehung zum Mitmenschen, die er u.a. in den Aufsätzen „Ich und Du" (1923), „Zwiesprache" (1929), „Die Frage an den Einzelnen" (1936) und „Elemente des Zwischenmenschlichen" (1953) auffächert.

Das dialogische Prinzip erläutert Buber selbst:

„Zu allen Zeiten ist geahnt worden, dass die gegenseitige Wesensbeziehung zwischen zwei Wesen eine Urchance des Seins bedeutet, und zwar eine, die dadurch in Erscheinung trat, dass es den Menschen gibt. Und auch dies ist immer wieder geahnt worden, dass der Mensch eben damit, dass er in die Wesensbeziehung eingeht, als Mensch offenbar wird, ja dass er erst damit und dadurch zu der ihm vorbehaltenen gültigen Teilnahme am Sein gelangt, dass also das Du-Sagen des Ich im Ursprung alles einzelnen Menschwerdens steht".[12]

Bubers Gedanken decken sich mit meiner Ahnung, dass die gelungene wirkliche Begegnung ein Erklärungsmodell für eine gelingende Beziehung in Patenschaftsprogrammen sein kann. Ich vermute in der Buber'schen Philosophie eine Möglichkeit zur Analyse und Interpretation der Wirkungen im Mentorenprogramm „Balu und Du". Ferner greife ich auch auf den jüdischen Philosophen Buber zurück, weil es in Israel

---

[11] Buber, Martin: Das dialogische Prinzip, Gerlingen 61992.
[12] Buber (61992), 301.

seit Jahrzehnten das erfolgreiche Mentorenprogramm Perach[13] gibt. Es ist möglicherweise kein Zufall, dass gerade in Israel die Idee von Mentoring als personaler Zuwendung durch studentische Mentoren entwickelt worden ist.

Zwischenmenschliche Beziehungen gelingen nach Buber dann, wenn drei Bedingungen vorliegen: 1) die Beziehungen sollten von dem Bemühen von Wahrhaftigkeit geprägt sein und damit die Beziehungen frei von verderblichem Schein, unwahren Vorgaben über einen selber sein; 2) die Beziehungspartner meinen und vergegenwärtigen jeweils den anderen in dessen Personsein, das sich in der individuellen Lebenssituation gestaltet und äußert und von vielfältigen Bedingungen abhängt; 3) keiner der Partner sollte sich dem andern auferlegen, sondern möchte sich dem anderen erschließen. Buber sagt weiter, dass echte Gespräche wahr, rückhaltlos und frei von Schein sein sollten und definiert als Merkmale des echten Gesprächs[14]:

Geradezu als Überschrift über das Programm „Balu und Du" führt Buber weiter aus: „Dialogisches Leben ist nicht eins, in dem man viel mit Menschen zu tun hat, sondern eins, in dem man mit den Menschen, mit denen man zu tun hat, wirklich zu tun hat".[15]

Die Betonung auf die Qualität von persönlicher Begegnung mit Menschen wird sich auch im Mentorenprogramm wieder finden. Bei „Balu und Du" finden wirkliche Begegnungen im Buber?schen Sinne statt.

3 Organisation eines Patenschaftsprogramms am Beispiel von Balu und Du

Die Universität Osnabrück und der Diözesan-Caritasverband für das Erzbistum Köln e.V. initiierten 2002 das Modellprojekt „Balu und Du". Seit Herbst 2005 führt der „Balu und Du e.V." eine enge Kooperation mit den Initiatoren der verschiedenen Standorte des Programms fort und dient als Basis für Erfahrungsaustausch, inhaltliche Absprachen und Fortentwicklung des Programms. Der Verein organisiert lokale Partner

---

[13] Perach: siehe http://www.perach.org.il/English/. Von Beginn an besteht ein kollegialer Austausch zwischen den Mentorenprogrammen „Perach" aus Israel und „Näktergalen" aus Malmö/Schweden. Forscherinnen aus beiden Projekten gaben im Herbst 2002 bei einem Arbeitsbesuch Hinweise zur Projektumsetzung und zur Evaluation. Auf dem Jugendhilfetag Osnabrück 2004 präsentierten sich die beiden Projekte und zogen Parallelen zu „Balu und Du".
[14] Buber (61992), 293ff.
[15] Buber (61992), 167.

aus Hochschulen, Berufsschulen und Verbänden, die das Programm übernehmen und lokale Koordinatoren stellen. Das besondere Augenmerk liegt auf der Gewinnung und Unterstützung von Mentoren, die Kindern mit besonderem Förderungsbedarf ein Begleiter sein sollen. Durch den regelmäßigen Kontakt zwischen Mentoren und Kindern wird eine stabile soziale Beziehung aufgebaut, die es den Kindern ermöglicht, durch informelles Lernen Basis- und Alltagskompetenzen zu erwerben und zu vertiefen sowie brachliegende oder verborgene Begabungen zu entdecken und weiter zu entwickeln.

Begleitet wird die Arbeit von „Balu und Du" durch wissenschaftliche Forschung der Universität Osnabrück, die u.a. den Einfluss der Mentoren auf die Kinder evaluiert und die Konzeption des Programms weiter entwickelt.

Die Ziele und Erfolge von „Balu und Du" sollen bundesweit kommuniziert werden, um so die Erweiterung an neuen Standorten anzustoßen. Im März 2008 ist „Balu und Du" an annähernd 20 Standorten in Deutschland eingeführt.

Den aktiven und ehemaligen Mentoren sowie insbesondere den aktiven Koordinatoren an den verschiedenen Standorten bietet der Verein ein Forum zum Austausch und zur Information untereinander.

Die Arbeit mit den Kindern gründet sich auf dem ehrenamtlichen und/oder studienintegrierten Engagement der Mentoren. Um diese in ihrer Arbeit zu unterstützen und die wissenschaftliche Forschung voranzutreiben, wirbt der Verein Spenden und Projektmittel von öffentlichen und privaten Institutionen und Organisationen ein.[16]

Dominik Esch
Geschäftsführer Balu und Du e.V.
Georgstraße 7
50676 Köln
www.balu-und-du.de

---

[16] Weitere Informationen auf www.balu-und-du.de.

Autorenverzeichnis

Roberto Alborino
Diplom-Sozialpädagoge FH; 1977–1979 Leitung der Sozialpädagogischen Beratungsstelle für italienische Kinder, Jugendliche und Eltern des Caritasverbandes Bad Säckingen; 1978–1979 zusätzliche Leitung der Sozialpädagogischen Beratungsstelle des Diözesan-Caritasverbandes Freiburg; 1979–1998 Referent in der Zentrale des Deutschen Caritasverbandes; 1998–2001 Leitung des Referats Ausländische Arbeitnehmer; seit 2001 Leitung des Referats Migration und Integration des Deutschen Caritasverbandes.

Dominik Esch
1992–1998 Studium der kath. Theologie und Sozialarbeit in Bonn und Köln; 1998–1999 Sozialarbeiter im Anerkennungsjahr Diözesan-Caritasverband für das Erzbistum Köln e.V., Abt. Gemeindecaritas; 1999–2001 Referent Josefs-Gesellschaft Köln, Assistenz des Vorstands; 2001–2004 Referent Diözesan-Caritasverband für das Erzbistum Köln e.V. Abt. Gemeindecaritas, Planung und Aufbau von Balu und Du; 2004–2006 Wissenschaftlicher Mitarbeiter Universität Osnabrück, Evaluation und Ausweitung Balu und Du; seit 2006 Geschäftsführer von Balu und Du e.V.

Wolfgang Krell
Jg. 1960. Diplompädagoge Univ., Diplom-Sozialpädagoge FH; seit 1990 Diözesanreferent des SKM – Kath. Verband für soziale Dienste in der Diözese Augsburg und Fachreferent für Wohnungslosen- und Straffälligenhilfe; in Teilzeit seit 1997 Leiter des Freiwilligen-Zentrums Augsburg (in Trägerschaft des SKM), Geschäftsführer der lagfa bayern (Landesarbeitsgemeinschaft der Freiwilligen-Agenturen und Freiwilligen-Zentren).

Isabell Zwania
Jg. 1977. 1998–2004 Studium der Politikwissenschaften sowie der Neueren und Neuesten Geschichte in Freiburg und Madrid; seit 2006 Referentin im Referat Migration und Integration des Deutschen Caritasverbandes e.V. in Freiburg; Schwerpunkte: Diskriminierung im privatwirtschaftlichen Sektor, Zwangsverheiratung von in Deutschland lebenden Migrant(inn)en, Patenschaftsmodelle für Migrant(inn)en.